Gerhard Maletzke

Kommunikationswissenschaft im Überblick

Gerhard Maletzke

Kommunikations-
wissenschaft
im Überblick

*Grundlagen, Probleme,
Perspektiven*

Westdeutscher Verlag

Die Deutsche Bibliothek – CIP-Einheitsaufnahme

Maletzke, Gerhard:
Kommunikationswissenschaft im Überblick : Grundlagen, Probleme,
Perspektiven / Gerhard Maletzke. – Opladen ; Wiesbaden : Westdt.
Verl., 1998
    ISBN 3-531-13284-9

Der Westdeutsche Verlag ist ein Unternehmen der Bertelsmann Fachinformation GmbH.

http://www.westdeutschervlg.de

Höchste inhaltliche und technische Qualität unserer Produkte ist unser
Ziel. Bei der Produktion und Verbreitung unserer Bücher wollen wir die
Umwelt schonen: Dieses Buch ist auf säurefreiem und chlorfrei gebleichtem
Papier gedruckt. Die Einschweißfolie besteht aus Polyäthylen und damit aus
organischen Grundstoffen, die weder bei der Herstellung noch bei der Ver-
brennung Schadstoffe freisetzen.

Umschlaggestaltung: Horst-Dieter Bürkle, Darmstadt
Umschlagbild: Wassily Kandinsky, Verträumt, 1932,
© VG Bild-Kunst, Bonn 1998
Satz: Petra Bonnet, Stuttgart
Druck und buchbinderische Verarbeitung: Langelüddecke, Braunschweig
Printed in Germany

ISBN 3-531-13284-9

Inhalt

Vorwort 9

1. Einleitung 11

2. Kommunikationswissenschaft 14
   2.1 Standort im Wissenschaftssystem 16
   2.2 Gegenstand, Forschungsfeld, Grenzen 17
   2.3 Nachbarn und Verwandte 20
   2.4 Zur Systematik 29

3. Begriffe 31
   3.1 Begriffe in der Wissenschaft 31
   3.2 Grundbegriffe der Kommunikationswissen-   36
       schaft ....
       3.2.1 Kommunikation, Interaktion 36
       3.2.2 Sprache 44
       3.2.3 Massenkommunikation 45
       3.2.4 Kommunikator 48
       3.2.5 Aussage 49
       3.2.6 Medium 50
       3.2.7 Rezipient 54

4. Modelle 56
  4.1 Modelle allgemein 56
  4.2 Modelle der Massenkommunikation 57
  4.3 Modelle als Ordnungshilfen 71

**5. Medienwirkungen und Medien-
wirkungsforschung** 81
  5.1. Zum Begriff „Wirkungen" 82
  5.2. Arten, Bereiche, Erscheinungsformen 84
  5.3. Stand und Probleme der Medienwirkungsforschung 91

6. Theorien, Ansätze 100
  6.1 Theorien allgemein 100
  6.2 Theorien in der Kommunikationswissen-
schaft 102
    6.2.1 Einseitig-linearer Ansatz 105
    6.2.2 Variablenansatz 108
    6.2.3 Theorien der Zusammenhänge zwi-
schen persönlicher Kommunikation
und Massenkommunikation 111
    6.2.4 Nutzenansatz 118
    6.2.5 Systemansatz 123
    6.2.6 Konstruktivismus 126
    6.2.7 Kritische Theorien 131
    6.2.8 Theorie der kognitiven Dissonanz 135

7. Forschungsaspekte 140
   7.1 Forschungsstrategie 140
   7.2 Themenwahl 144
   7.3. Methoden 152
   7.4 Interpretation 159
   7.5. Forschung und Praxis 166

8 Wissenschaftstheoretische Aspekte 175
   8.1 Szientismus und Humanismus .... 175·
   8.2 Paradigmenwechsel 187

9. Perspektiven der Kommunikationswissenschaft .. 190
   9.1 Durchblick 190
   9.2 Ausblick 192

10. Zum Bild vom Menschen in der Kommunikations-   203
    wissenschaft ....

Schluß 216

Literatur 217

Vorwort

Das vorliegende Buch bietet einen kurzen Überblick über die Kommunikationswissenschaft. Gedacht ist es für alle, die sich ohne großen Aufwand über die Grundlagen, Probleme und Perspektiven dieser Disziplin informieren wollen. Vermutlich eignet es sich auch als kleines Repetitorium für Studierende höherer Semester bei ihren Prüfungsvorbereitungen, allerdings nur mit einem kleinen Hinweis: Es geht hier primär nicht um das Vermitteln von Sachwissen in Form von Daten, Fakten und Namen; vielmehr soll der Leser Übersicht gewinnen, Zusammenhänge erkennen und Hintergründe verstehen. – Keinesfalls kann und soll dieses Buch die bewährten Einführungen[1] und Gesamtdarstellungen[2] ersetzen. Unsere Zielsetzung ist anders, sie ist bescheidener: Einen knappen Überblick soll dieses Buch bieten, einen Abriß, einen Leitfaden – nicht mehr und nicht weniger.

An mehreren Stellen habe ich Passagen aus einigen meiner früheren Arbeiten übernommen in der Annahme, daß diese Arbeiten heute kaum noch bekannt sind, und in der Überzeugung, daß nicht immer alles neu formuliert werden muß. Es handelt sich um die Publikationen: Psychologie der Massenkommunikation (1963), Ziele und Wirkungen der

---

[1] Beispiel: H. Pürer: Einführung in die Kommunikationswissenschaft
[2] Beispiel: R. Burkart: Kommunikationswissenschaft

Massenkommunikation (1976), Kommunikationsforschung als empirische Sozialwissenschaft (1980), Bausteine zur Kommunikationswissenschaft (1984), Massenkommunikationstheorien (1988).

*

Für Hilfe und Anregungen gilt mein Dank vielen Kolleginnen und Kollegen, vor allem an der Universität Hohenheim. Ganz besonders bedanke ich mich bei Petra Bonnet, ohne deren Tatkraft dieses Buch nicht zustande gekommen wäre.

Stuttgart, im Juli 1998   Gerhard Maletzke

1. Einleitung

Die Kommunikationswissenschaft ist eine junge Disziplin: In Deutschland ist sie etwa ein halbes Jahrhundert alt. In dieser relativ kurzen Zeitspanne hat sie sich an zahlreichen Hochschulen als eigenständiges Fach etablieren können; und auch außerhalb des akademischen Bereichs hat sie sich Achtung und Anerkennung erworben. Medienpraktiker, Wirtschaftler, Pädagogen und Politiker suchen bei ihr Rat und Hilfe. Dabei erwarten sie freilich von der Kommunikationswissenschaft manchmal mehr, als diese zu leisten vermag. Nicht wenige Fragen müssen die Kommunikationsforscher (noch) unbeantwortet lassen.

Das vorliegende Buch soll einen kurzen Überblick über die Kommunikationswissenschaft geben, so wie sich diese Disziplin gegenwärtig dem Betrachter präsentiert. Dabei dürfen Schwächen und Defizite nicht ausgespart werden, denn ohne Hinweise auf diese Mängel bliebe der Überblick unvollkommen und unaufrichtig. Der Verfasser ist somit verpflichtet, zu der Wissenschaft, der er sich zugehörig fühlt, auch kritisch Stellung zu nehmen. Nun sagt man den Sozialwissenschaften nach, sie betrieben mit Vorliebe und über die Maßen Nabelschau und Selbstbespiegelung. "Gewissermaßen ist es der Skandal der Sozialwissenschaften, daß sie ihre 'Selbstverständigungsdebatten' nicht zum Abschluß zu bringen vermögen, während rings um sie die soziale und politische Wirklichkeit, der sie ihr Bestehen verdanken und die auf praxisnützliche Forschungsergebnisse angewiesen wäre, ins Wanken gerät."[3] Dieser Vorwurf ist gewiß berechtigt gegenüber den Sozialwissenschaften im allgemeinen und der Soziologie im besonderen; auf die Kommunikationswissenschaft trifft er, wenn überhaupt, nur sehr bedingt zu. Wir meinen, die Kommunikationsforscher haben bisher über die Grundlagen ihrer Disziplin nicht zu viel, sondern eher zu wenig reflektiert und diskutiert. Sie haben angesichts ihrer Sachfragen und Methodenprobleme die kritische Selbstreflexion vernachlässigt. Eben diesem Defizit sollen die folgenden Kapitel ein wenig abhelfen.

Der Aufbau und Ablauf dieses Buches bedarf wohl keiner Erläuterungen. Hinzuweisen ist jedoch auf drei Punkte:

(1) Ein besonderer Akzent liegt bei den Fragen nach der Kommunikationswissenschaft *als Wissenschaft*. Außer den Grundlagen bei den einführenden Kapiteln werden im 7. Kapitel Forschungsaspekte, im 8. Kapitel wissenschaftstheoretische Fragen und im 9. Kapitel die Perspektiven der Kommunikationswissenschaft erörtert, freilich in dem hier gegebenen Rahmen immer nur knapp und gedrängt. Diese Themen werden sonst in Einführungen und Überblicken, auch in den herkömmlichen Lehrveranstaltungen, meist nur am Rande behandelt. Demgegenüber meinen wir: Wer immer sich mit Kommunikationswissenschaft befaßt, sollte auch etwas über dieses Fach als wissenschaftliche Disziplin erfahren, denn nur dann kann er deren Möglichkeiten und Leistungen, aber auch ihre Grenzen und Probleme halbwegs realistisch einschätzen.

---

[3]   W. J. Patzelt: Sozialwissenschaftliche Forschungslogik, S. 69

(2) In diesem Buch kommt dem Themenkreis Massenkommunikation besonderes Gewicht zu. Andere Formen von Kommunikation – vor allem die direkte persönliche, die interpersonale Kommunikation – werden vergleichsweise kurz und knapp behandelt. Der Grund dafür liegt einfach in einer einseitigen Akzentsetzung in der Kommunikationswissenschaft selbst: In einer längeren Anfangsphase hat sich diese Disziplin fast ausschließlich mit der speziellen Form der Massenkommunikation beschäftigt und darüber die „Normalform", also die interpersonale Kommunikation, vernachlässigt. Das hat sich zwar mittlerweile geändert, man bezieht heute mehr oder weniger alle Formen von Kommunikation in die Forschung und Lehre ein, doch herrscht die frühere Gewichtsverteilung immer noch vor, und das spiegelt sich auch in diesem Buch wider.

(3) Die neuesten Entwicklungen in der Kommunikationstechnik und die daraus resultierenden tiefgreifenden Veränderungen in der Kommunikationslandschaft sind hier nur gelegentlich und am Rande berücksichtigt. Sie bedürften einer eigenen sorgsamen Untersuchung, die freilich gegenwärtig kaum umfassend zu leisten wäre, einfach weil da alles im Fluß ist und keineswegs überall schon klare Konturen zu erkennen sind.

2. Kommunikationswissenschaft

Als Wissenschaft bezeichnen wir "den – zumindest tendenziell – systematischen, methodisch reflektierten und gesellschaftlich institutionalisierten Prozeß der Gewinnung von Erkenntnissen".[4] Die Wissenschaft in ihrer Gesamtheit ist zu verstehen als der Versuch des Menschen, die ihm gegebene und aufgegebene unendlich vielfältige Welt rational so zu durchdringen und sie durch Selektion, Akzentuierung und Abstraktion so verständlich und überschaubar zu machen, daß der Mensch sich in dieser Realität behaupten und sie immer besser handhaben kann. Wissenschaft existiert also nicht um ihrer selbst willen, sondern sie hat eine dienende Funktion.

Die Wissenschaft gliedert sich auf in zahlreiche Einzelwissenschaften, in "Disziplinen". Über deren Systematik, über ihre "Zuständigkeiten" wie auch über ihre Bezeichnungen, ihre Namen sind sich die Gelehrten durchaus nicht immer einig; doch sind diese Fragen in der Regel von untergeordneter Bedeutung. "Die Einteilung von Wissenschaften ist – wie alle Definitionen – niemals mehr als eine mehr oder weniger zweckmäßige Konvention, die selbst-

---

[4] P. von Oertzen: Das Verhältnis von Wissenschaft und Politik aus der Sicht des Politikers, S. 20

verständlich auch anders aussehen könnte".[5] Manchmal kann jedoch die Frage nach der Abgrenzung und Eigenständigkeit durchaus bedeutsam sein für das Selbstverständnis eines Faches. Ein derartiger Fall wird im Abschnitt 2.3 zu erörtern sein.

Die Kommunikationswissenschaft ist eine Einzelwissenschaft. Um ihre Eigenarten und Besonderheiten näher zu bestimmen, werden im folgenden Antworten auf vier Fragen versucht, nämlich:

- Welcher Standort im System der Wissenschaften kommt der Kommunikationswissenschaft zu?
- Was ist der Erkenntnisgegenstand der Kommunikationswissenschaft? Was ist ihr Forschungsfeld und wo liegen dessen Grenzen?
- Welche Disziplinen sind Nachbarn und Verwandte der Kommunikationswissenschaft?
- Wie kann man die Kommunikationswissenschaft in sich gliedern? Welche Systematik läßt sich ihr zugrunde legen?

Allerdings, diese Fragen sind so vielschichtig und komplex, daß es nicht möglich ist, sie in dem hier gegebenen Rahmen umfassend zu beantworten. Und ebensowenig sind klare und eindeutige Antworten möglich, denn "objektive" Maßstäbe und Kriterien gibt es dabei nicht. Man kann sich allenfalls für eine der möglichen Positionen entscheiden im Bewußtsein der Tatsache, daß es auch andere, ebenso berechtigte Positionen gibt.

---

[5] H. Esser: Soziologie, S. 7

2.1 Standort im Wissenschaftssystem

Lange Zeit war das Feld der Wissenschaften gekennzeichnet durch die Gliederung in Naturwissenschaften und Geisteswissenschaften. Diese Zweiteilung verstand man als klare Abgrenzung zwischen beiden Bereichen. Wilhelm Dilthey brachte das seinerzeit so auf den Punkt: "Die Natur erklären wir, das Seelenleben verstehen wir"[6]. Dabei ist zweifellos das "Seelenleben" nicht eng psychologisch gemeint, sondern es schließt das Geistige und Kulturelle mit ein. Die Naturwissenschaften wollen Gesetzeshypothesen empirisch-analytisch überprüfen und die Phänomene nomothetisch erklären. Die Geisteswissenschaften dagegen sind darum bemüht, einmalige historische Ereignisse und geistige Objektivationen, also "Werke" idiographisch-hermeneutisch zu erfassen und zu verstehen.

Aus dieser einfachen Gegenüberstellung entstand dann eine Dreiergruppierung, indem sich eine dritte Gruppe bildete, nämlich die Sozialwissenschaften. Unter dem Eindruck der großartigen Errungenschaften der Naturwissenschaften, weithin sichtbar in der neuzeitlichen Technik des 19. Jahrhunderts, erschien einigen Geisteswissenschaftlern ihre historisch-hermeneutische Orientierung als zu "spekulativ" und als zu wenig "objektiv" und "exakt". Sie lösten sich aus den Geisteswissenschaften heraus und nahmen sich die Naturwissenschaften zum Vorbild. Seitdem verstehen und bezeichnen sie sich als "empirische Sozialwissenschaften". Dazu zählen heute u.a.: Soziologie, Psycho-

---

[6] W. Dilthey: Ideen über eine beschreibende und zergliedernde Psychologie, S. 143

logie, Politikwissenschaft, Kulturanthropologie und Wirtschaftswissenschaften. Auch die Kommunikationswissenschaft hat sich von Anbeginn als eine empirische Sozialwissenschaft verstanden.

Natürlich blieb gegenüber dieser "positivistischen" Einstellung Kritik nicht aus. Die Gegner des sozialwissenschaftlichen Positivismus oder "Szientismus" betonen ihre "humanistische" Denkweise und fragen, ob man in Wissenschaften, die es mit dem Menschen zu tun haben, überhaupt jemals jene Exaktheit und "Objektivität" erreichen kann, die die "klassischen" Naturwissenschaften mit ihren "Gesetzen" beanspruchen. Die "Humanisten" argumentieren, sozialwissenschaftliche Forschung sei ohne die Dimension des Sinnerfassens, des Verstehens und der "qualitativen" Interpretation nicht möglich. Wir kommen auf diese Kontroverse im 8. Kapitel zurück.

Festzuhalten bleibt: Die Kommunikationswissenschaft versteht sich als eine empirische Sozialwissenschaft.

2.2   Gegenstand, Forschungsfeld, Grenzen

Auf den ersten Blick scheint alles klar zu sein: Kommunikationswissenschaft ist die Wissenschaft von der Kommunikation. Doch das wäre nur klar, wenn es für den Begriff "Kommunikation" eine klare, einhellig akzeptierte Definition gäbe. Eben davon ist aber die Kommunikationswissenschaft weit entfernt. Über die Bedeutung und Reichweite dieses Begriffes gibt es unter Kommunikationsforschern zahlreiche unterschiedliche Ansichten[7]. Der Versuch, den Gegenstand der Kommunikationswissenschaft von ihrem Namen her zu bestimmen, bringt uns also nicht weiter.

Nun kann man ja schlicht und einfach fragen, wie denn die Fachvertreter selbst ihren Gegenstand und ihr Forschungsfeld umschreiben. Doch finden wir darüber in der Fachliteratur überraschend wenige Auskünfte, und diese bleiben meist recht unbestimmt und allgemein.

Schließlich bleibt noch die Möglichkeit, zu prüfen, wie sich der Gegenstandsbereich in der konkreten Forschung präsentiert. Doch abgesehen davon, daß ein dafür erforderlicher Gesamtüberblick kaum noch möglich ist, führt auch dieser Weg nicht weiter, und zwar aus einem höchst bemerkenswerten Grund: Das Forschungsfeld der Kommunikationswissenschaft hat sich ständig verändert und wird sich wohl auch weiterhin verändern. Bei dieser Sichtweise stellen wir nämlich etwas Erstaunliches fest: Während einer längeren Anfangsphase beschäftigte sich die Kommunikationswissenschaft nicht etwa – wie man vom Namen her annehmen sollte – mit der normalen direkten, persönlichen Kommunikation, sondern fast ausschließlich mit einer speziellen "modernen" Form: mit der Massenkommunikation. Man sah also den Forschungsgegenstand der Kommunikationswissenschaft recht eng und einseitig. Der Grund für diese Orientierung lag wohl darin, daß die Massenkommunikation wegen ihrer Möglichkeiten und Wirkungen im politischen, wirtschaftlichen und pädagogischen Bereich besonders wichtig erschien. Damals glaubte man, das Forschungsfeld der Kommunikationswissenschaft klar abge-

---

[7]   Mehr dazu im Abschnitt 3.2.1

grenzt zu haben. Erst allmählich erkannte man, daß die Massenkommunikation auf vielfältige und komplexe Weise mit der interpersonalen Kommunikation verknüpft ist, und schließlich setzte sich die Einsicht durch, daß diese "Normalform" von Kommunikation auch einen eigenständigen Forschungsgegenstand darstellt. So begann die Kommunikationswissenschaft, sich zu "entgrenzen", ein Prozeß, der sich bis heute und sicher auch in der Zukunft fortsetzt – man denke an die neuesten technischen Entwicklungen.

Aus heutiger Sicht bedeutet das: Der Schuh, den sich die Kommunikationswissenschaft seinerzeit mit ihrem Namen angezogen hat, war und ist um einige Nummern zu groß. Mit diesem Namen weckt sie Erwartungen, die sie nicht erfüllt und in absehbarer Zukunft auch nicht erfüllen kann. Denn: Nimmt man den Begriff "Kommunikation" in seiner ganzen, nahezu unermeßlichen Spannweite, so hat es Kommunikationswissenschaft immer schon gegeben, seit es überhaupt Wissenschaft vom Menschen gibt, von der Rhetorik des Aristoteles über die Philosophie und Philologie aller Jahrhunderte bis hin zur Sozialpsychologie, Soziologie, Kulturanthropologie, Psychiatrie, Kybernetik, Informationstheorie, Politikwissenschaft, Linguistik, Phonetik, Literaturwissenschaft unserer Tage. Alle diese und noch manche anderen Zweige könnten unter den weiten Begriff "Kommunikationswissenschaft" subsumiert werden. Bei dieser Sachlage ist somit für die gegenwärtige Kommunikationswissenschaft ihr Name eigentlich zu groß, zu anspruchsvoll.

Unter diesen Umständen ist es verständlich, wenn die Kommunikationsforscher sich scheuen, ihren Gegenstand präzise einzugrenzen, ihn zu definieren. Sie lassen ihn wohlweislich vage und unbestimmt im Raume stehen. Und sie tun aus ihrer Perspektive gut daran, denn diese Unbestimmtheit läßt der Kommunikationswissenschaft alle Möglichkeiten für "Entgrenzungen" offen, so daß sie allmählich in den zu großen Schuh hineinwachsen kann, wenn sie ihn auch sicher nie ganz ausfüllen wird.

Es ist also nicht möglich, den Gegenstandsbereich, das Forschungsfeld der Kommunikationswissenschaft ein für allemal eindeutig festzulegen. Dieses Feld läßt sich nur von Fall zu Fall pragmatisch bestimmen, und das heißt: mehr oder weniger beliebig.

2.3 Nachbarn und Verwandte

Die Kommunikationswissenschaft ist eine Sozialwissenschaft. Folglich sind die anderen Sozialwissenschaften ihre unmittelbaren Nachbarn. Von ihnen haben die Kommunikationsforscher vieles gelernt und manches übernommen: Theorien, Konzepte, Begriffe, Methoden.

Besonders eng sind die Beziehungen zu Soziologie und Psychologie. So ist es wohl zu verstehen, wenn Rühl von einer "Überpsychologisierung" der Kommunikationswissenschaft spricht[8]. Man kann dem jedoch entgegenhalten: Die Kommunikationswissenschaft hat bislang bei weitem noch nicht ausgeschöpft, was die Psychologie und andere Nachbarn ihr zu bieten haben.

Im übrigen hat mittlerweile die Kommunikationswissenschaft ihrerseits manches erarbeitet, das für andere Disziplinen nützlich sein kann.

---

[8] M. Rühl: Kommunikation und Öffentlichkeit, S. 86

*

In der Fachliteratur begegnen uns immer wieder zwei Disziplinen, die offenbar mit der Kommunikationswissenschaft
eng zusammenhängen, und zwar so eng, daß man sie nicht
mehr als Nachbarn, sondern als "Verwandte" bezeichnen
muß. Das ist zum einen die Publizistikwissenschaft und zum
anderen die Medienwissenschaft. Damit stellen sich die
Fragen: Was wollen und sollen diese beiden Disziplinen?
Und: Wie hängen sie mit der Kommunikationswissenschaft
zusammen? Merkwürdigerweise werden diese Fragen nur
selten gestellt und noch seltener einleuchtend beantwortet.
Offensichtlich geht man ihnen aus dem Wege, aus welchen
Gründen auch immer.

Zunächst zur *Publizistikwissenschaft*. Sie wird oft in einem Atemzug mit der Kommunikationswissenschaft genannt; so zum Beispiel im Namen der Deutschen Gesellschaft für Publizistik- und Kommunikationswissenschaft.
Man könnte meinen, es handle sich dabei um *eine* Wissenschaft. Aber warum dann zwei Namen? Um das zu klären,
müssen wir den Sachverhalten auf zwei Ebenen nachgehen:
einmal auf der Ebene der Gegenstandsbereiche und zum anderen auf der Ebene der Ansätze und Methoden.

Auf der Ebene der Gegenstandsbereiche ist kurz und einfach festzustellen: Es gibt keine nennenswerten Unterschiede zwischen der Kommunikationswissenschaft und der Publizistikwissenschaft; beide beackern dieselben Forschungs-
felder, wobei freilich die Kommunikationswissenschaft
weiter reicht als die Publizistikwissenschaft, die sich ja
schon von ihrem Namen her auf öffentliche Kommunikation
beschränkt.

Ganz anders verhält es sich damit auf der Ebene der Ansätze und Methoden: Dort unterscheiden sich die beiden Disziplinen grundlegend voneinander: Die Publizistikwissenschaft war von jeher eine historisch-hermeneutische Geisteswissenschaft. Ihren Beginn pflegt man mit dem Jahr 1926 anzusetzen, als Karl Jaeger eine Studie "Von der Zeitungskunde zur publizistischen Wissenschaft" veröffentlichte. Die Kommunikationswissenschaft dagegen war von Anfang an eine empirische Sozialwissenschaft, deren Start man in Deutschland auf das Jahr 1964 datieren kann, als an der Universität Nürnberg-Erlangen ein Lehrstuhl für Politik- und Kommunikationswissenschaft eingerichtet wurde. Damit dürfte klar sein: Die beiden Wissenschaften, um die es hier geht, sind schon von Ihrer Herkunft und Entstehungsgeschichte her in Ansätzen und Methoden grundverschieden. So gesehen erscheint es abwegig, die Kommunikationswissenschaft als direkte Nachfolgerin der Publizistikwissenschaft zu verstehen. Die Kommunikationswissenschaft ist etwas Anderes und Eigenes, auch wenn einige Fachvertreter dieser Auffassung nicht zustimmen. So vertritt zum Beispiel Hachmeister die Ansicht, "daß eine klinische und chronikalische Trennung von 'restaurativer' Publizistikwissenschaft und 'reformerischer' Kommunikationswissenschaft dem Zugriff historischer Wissenschaftsforschung nicht standhält."[9]

Von einer Identität gehen offensichtlich auch jene Wissenschaftler aus, die von einer "Namensänderung" oder "Umbenennung" sprechen, denn das heißt doch, die Sache, das Gemeinte bleibt unverändert und erhält nur eine andere

---

[9]   L. Hachmeister: Theoretische Publizistik, S. 262

Ich interessiere mich für die Themen:

□ Soziologie (H1)
□ Politikwissenschaften (H1)
□ Literaturwissenschaft (H3)
□ Sprachwissenschaft (H3)
□ Psychologie (H1)
□ Kommunikationswissenschaft (H4)

Ich interessiere mich für folgende Produkte:

□ Bücher
□ Zeitschriften

West-deutscher Verlag

Bitte informieren Sie mich über die angekreuzten Themen und Produkte Ihres Verlages.

Ich wurde auf dieses Buch aufmerksam durch:

□ Empfehlung des Buchhändlers
□ Empfehlung Kollegen, Bekannte
□ Buchbesprechung/Rezension
□ Anzeige/Beilage
□ Werbebrief

Ich bin:
□ Dozent/in   □ Student/in
□ Lehrer/in   □ Praktiker/in
□ Sonst. _____

an der:
□ Uni   □ Gymnasium
□ FH   □ Bibliothek
□ Sonst. _____

Mein Spezialgebiet: _____

Bitte in Druckschrift ausfüllen. Danke!

Hochschule/Schule/Firma | Institut/Lehrstuhl/Abteilung

Vorname | Name/Titel

Straße/Nr. | PLZ/Ort

Telefon | Fax

Branche | Geburtsjahr

Funktion im Unternehmen | Anzahl der Mitarbeiter im Unternehmen

Wir speichern Ihre Adresse, Ihr Interessensgebiet unter Beachtung des Datenschutzgesetzes.

MBWWM

Antwort

Westdeutscher Verlag
Buchleser-Service
Abraham-Lincoln-Str. 46

65189 Wiesbaden

**Gleichzeitig bestelle ich zur Lieferung
über meine Buchhandlung:**

Expl.	Autor und Titel	Preis

**Weitere Informationen finden Sie im Internet:
http://www.westdeutschervlg.de**

Der **Westdeutsche Verlag**
publiziert für Sie
Fachbücher und Zeitschriften aus

➤ Soziologie
➤ Politikwissenschaft
➤ Kommunikationswissenschaft
➤ Psychologie/Psychoanalyse
➤ Linguistik
➤ Literaturwissenschaft

Bezeichnung. So schreibt Ronneberger: "Es bildete sich nach dem Zweiten Weltkrieg in den 50er und 60er Jahren die ältere Publizistik- und Zeitungswissenschaft nun eindeutig als eine empirische Sozialwissenschaft aus. Allgemein war damit auch die Umbenennung in Kommunikationswissenschaft verbunden."[10] In die gleiche Richtung weist Saxer, wenn er von dem Publizistikwissenschaftler spricht, der "sich bereits wie ein wissenschaftlicher Hinterwäldler vorkommen muß, weil er – vom früheren Umtaufwasser noch naß – nicht schon wieder die neue Umtaufe in 'Kommunikationswissenschafter' mitmachen mag."[11]

Es gibt also – wie gesagt – Fachvertreter, die keine Unterschiede zwischen Kommunikationswissenschaft und Publizistikwissenschaft anerkennen wollen. Doch erscheint es uns nicht nur von der Sache her berechtigt, sondern auch um der Klarheit willen zweckmäßig, in der hier angedeuteten Richtung zwischen Kommunikationswissenschaft und Publizistikwissenschaft zu unterscheiden.

Dem ist jedoch anzufügen: Die Zahl der historisch-hermeneutisch vorgehenden Publizistikwissenschaftler ist heute nur noch recht klein im Vergleich zur Zahl der empirisch-sozialwissenschaftlich orientierten Kommunikationswissenschaftler. Angesichts dieses Sachverhalts fragt Ronneberger besorgt: "Wird die historisch orientierte Publizistikwissenschaft überhaupt verschwinden bzw. eine Randposition einnehmen; werden die kultur- bzw. geisteswissenschaftlichen Bezüge verkümmern? Was würde das für

---

[10] F. Ronneberger: Zur Lage der Publizistikwissenschaft, S. 95
[11] U. Saxer: Grenzen der Publizistikwissenschaft, S. 525

unser Fach bedeuten?"[12] Nun, verschwunden ist die historisch-hermeneutische Publizistikwissenschaft nicht, doch ist ihre Randposition nicht zu leugnen.

Allerdings, die Trennung von Kommunikationswissenschaft und Publizistikwissenschaft, wie wir sie hier vertreten, ist an den deutschen Hochschulen so nicht zu erkennen: Das, was heute in den Instituten für Publizistikwissenschaft an Forschung und Lehre betrieben wird, unterscheidet sich nur wenig von der Forschung und Lehre der Kommunikationswissenschaft. Das bedeutet: Die meisten Institute mit dem Namen "Publizistikwissenschaft" betreiben heute de facto Kommunikationswissenschaft. Zu erklären ist diese Unstimmigkeit wohl so: Etliche Institute, die längst der Kommunikationswissenschaft zuzuordnen sind, haben aus Gründen der Tradition den früheren, eigentlich überholten Namen beibehalten.

*

Eine weitere Disziplin, die mit der Kommunikationswissenschaft so eng zusammenhängt, daß man auch sie als "verwandt" bezeichnen kann, ist die *Medienwissenschaft*. Sie entstand erst in den jüngsten Jahrzehnten, ist also sehr jung, konnte sich aber bereits hier und da "offiziell" etablieren, so etwa an der Universität Leipzig mit einem Institut für Kommunikations- und Medienwissenschaft; doch hat sie offensichtlich noch nicht recht zu sich selbst gefunden.

Vom Namen her ist Medienwissenschaft die Wissenschaft von den Medien – und die Medien sind unbestritten

---

[12] F. Ronneberger: a.a.O., S. 85

ein Forschungsgegenstand der Kommunikationswissenschaft. Es gäbe also eigentlich keinen Grund, sie als eine eigene Disziplin auszugliedern. Wenn das dennoch geschehen ist, sind offensichtlich die Gründe dafür nicht in der Sache selbst, sondern bei forschungspragmatischen Überlegungen zu suchen: Lange Zeit hat die Kommunikationswissenschaft die Medien allzu eng lediglich als technische Verbreitungsinstrumente betrachtet; um die Medien in ihren vielfältigen Zusammenhängen mit anderen Phänomenen, etwa gesellschaftlicher, politischer, wirtschaftlicher, kultureller und ästhetischer Art, hat sie sich nur wenig gekümmert. Und eben um dieses Versäumnis wettzumachen, entstand die Medienwissenschaft.

Angesichts dieses Sachverhaltes ist es schwierig, das Forschungsfeld dieser neuen Disziplin zu beschreiben. Fragen wir die Medienwissenschaftler selber, was sie denn nun als ihre eigene Disziplin verstehen, so erhalten wir weder klare noch übereinstimmende Antworten. Wie verworren die Situation ist, läßt sich am besten verdeutlichen, indem wir einige Passagen aus dem Buch "Ansichten einer künftigen Medienwissenschaft" zitieren:[13]

"Der Medienbegriff, den die Massenkommunikationstheorien amerikanischen Ursprungs zur Verfügung stellen, ist trotz aller Unterschiede im Detail ein technisch geprägter. Die Praxis der Medienwissenschaft hat demgegenüber in der Folge der Bemühungen um eine kritische Medientheorie zu Beginn der siebziger Jahre einen sehr viel umfassenderen, mehrdimensionalen benutzt, der auch Gestaltungsprozesse, ästhetische Konzeptionen, Darstellungs-

---

[13] R. Bohn u.a. (Hg.): Ansichten einer künftigen Medienwissenschaft

und Präsentationsweisen, der die Seite der Angebots-
produktion und die der Rezeption mit umfaßt sowie die Institutionen, in denen die Medien gesellschaftlich organisiert sind. Dieser Widerspruch zwischen einem theoretisch
engen und einem in der Wissenschaftspraxis entstandenen
weiten Medienbegriff bestimmt ... das Verständnis von Medienwissenschaft insgesamt."[14] Die Medienwissenschaft
wird manchmal schlicht durch Abgrenzung, also ohne inhaltliche Kriterien, umschrieben, so zum Beispiel "als die
wissenschaftliche Beschäftigung mit Forschungsfeldern ....,
die von der Kommunikationswissenschaft nicht bestellt
worden sind."[15] Ähnlich heißt es an anderer Stelle: "In ihrer gegenwärtigen Forschungs- und Lehrpraxis operiert sie
nämlich, soweit erkennbar, eher als unspezifische, eklekti-
zistische Sammelbezeichnung für all jene Unterfangen me-
dienbezogener Art, die sich nicht den angestammten Wissenschaften, insbesondere der Literaturwissenschaft einerseits, der Publizistikwissenschaft andererseits zu- oder un-
terordnen wollen bzw. können."[16] – Die Herausgeber meinen,
"daß die Medienwissenschaft die universelle Integration
geisteswissenschaftlich-hermeneutischer,   humanwis-
senschaftlicher und sozialwissenschaftlicher – einschließlich ökonomischer und juristischer – Ansätze leisten müßte."[17] Ein Autor will diese Disziplin "als einen unscharf abgegrenzten Sektor einer allgemeinen, ethnologisch-sozial-

---

[14] K. Hickethier: Das "Medium", die "Medien" und die Medienwissenschaft, S. 52
[15] R. Bohn u.a. (Hg.): a.a.O., Einleitung der Herausgeber, S. 21
[16] H. D. Kübler: Auf dem Weg zur wissenschaftlichen Identität und methodologischen Kompetenz, S. 32
[17] R. Bohn u.a. (Hg.): a.a.O., Einleitung der Herausgeber, S. 21

wissenschaftlich und historiographisch fundierten Kulturwissenschaft begreifen."[18] Wieder an anderer Stelle lesen
wir: "Vermutlich findet sie ihren Ort zwischen Publizistikwissenschaft, Theaterwissenschaft und Literatur- wie
Kunstwissenschaft."[19] In eine ähnliche Richtung weist die
Ansicht, daß "die Medienwissenschaft eine Teildisziplin
innerhalb der Literaturwissenschaft oder einen integrierten
Bestandteil der Theaterwissenschaft oder einer anderen
Kunstwissenschaft bildet."[20] Wenig Einigkeit herrscht
schließlich auch in der Einschätzung des gegenwärtigen
Status der Medienwissenschaft. So erscheint beispielsweise
einem Autor "Medienwissenschaft eher als ein Phantom:
die klare Kontur, feste Gestalt oder gar substantielle Macht
eines allseits anerkannten, durch Gegenstand und Methode
ausgewiesenen neuen Fachs besitzt sie bislang nicht."[21] Bei
dieser Sachlage empfehlen denn auch die Herausgeber,
"dem Boom der Medienwissenschaft mit einem Gutteil Mißtrauen zu begegnen."[22] Sie gehen sogar noch weiter mit der
Äußerung, es ließe sich gar nicht feststellen, "ob Medienwissenschaft ihre Geburtsstunde noch vor sich oder schon
hinter sich hat."[23]

In einer neueren Publikation wird die Medienwissenschaft als eine Integrationswissenschaft verstanden, die
„kommunikationssoziologische, publizistikwissenschaftli-
che, historisch-kritische und geisteswissenschaftlich-phi-

---

[18]   L. Fischer: Ansichten einer Wissenschaft mit Zukunft?, S. 276
[19]   T. Koebner: Medienwissenschaft als Lehrfach, S. 216
[20]   K. Hickethier: a.a.O., S. 64
[21]   L. Fischer: a.a.O., S. 258
[22]   R. Bohn u.a. (Hg.): a.a.O., Einleitung der Herausgeber, S. 8
[23]   a.a.O., S. 7

lologische Ansätze multiperspektivisch, methodenplura-
listisch sowie gegenstands- und problembezogen zusammen-
bringt."[24] Die Autoren gehen dann noch einen Schritt weiter:
Indem die Medienwissenschaft sich zunehmend sozialwissenschaftlich orientiert, „entstehen Ansätze einer integrierten Medien- und Kommunikationswissenschaft, in der
hermeneutisch-qualitative und sozialwissenschaftlich-
quantitative Methoden zum Einsatz kommen, um angemessen dem medialen Wandel begegnen zu können."[25] Im gleichen Sinne heißt es in einer anderen Arbeit neueren Datums:
„Dem Schwerpunkt Medienwissenschaft lassen sich z.B.
folgende Bezugswissenschaften zuordnen: die Sprach- und
Literaturwissenschaft, die bisher als Medienwissenschaft
im engeren Sinne bezeichnet wurde; die Publizistik, Kommunikationswissenschaft und Journalistik; die Theater-,
Film- und Fernsehwissenschaft; die Informationswissen-
schaft; die Kunst- und Kulturwissenschaft, insbesondere deren relevante Teilbereiche wie visuelle Kommunikation,
Gestaltung und Design; die Medienpädagogik mit den Teil-
bereichen Medienerziehung und Mediendidaktik bzw. Bil-
dungstechnologie; die Kunstpädagogik; die Medienpsychologie; die Mediensoziologie; die Mediengeschichte; die Me-
dieninformatik; die Medienökonomie; die Medienrechts-
wissenschaft. Diese und sicher noch weitere hier nicht auf-
geführte wissenschaftliche Disziplinen befassen sich vorwiegend mit den theoretischen Grundlagen, Wirkungszu-

---

[24] P. Ludes und G. Schütte: Für eine integrierte Medien- und Kommunikationswissenschaft, S. 42
[25] a.a.O., S. 43

sammenhängen, Erklärungsmodellen und Anwendungsbezügen von Medien."[26]

Wir lassen die Frage offen, ob die Medienwissenschaft bereits als eine eigene Disziplin gelten kann. Beim gegenwärtigen Stand der Disziplinen erscheint es zweckmäßig, nach wie vor die Kommunikationswissenschaft als übergeordnete Integrationswissenschaft zu verstehen, in der die Medienwissenschaft bestimmte Teilbereiche abdeckt. Doch sollte man derartige Fragen der Zuordnung oder gar der „Zuständigkeit" nicht überbewerten.

2.4 Zur Systematik

Jede Wissenschaft braucht eine Systematik, eine innere Ordnung ihres Forschungsfeldes. Systematisieren bedeutet: Man faßt Zusammengehöriges in Kategorien zusammen und errichtet daraus ein Gebäude mit planmäßiger Über-, Neben- und Unterordnung der Teile. Daraus ergibt sich dann für die Einzelthemen ihr Standort und Stellenwert im Rahmen des Ganzen. Da sich jeder Gegenstandsbereich unter mehreren verschiedenen Kriterien kategorisieren und ordnen läßt, gibt es jeweils mehrere Systematisierungsmöglichkeiten, und das bedeutet: Systematiken können weder richtig noch falsch sein, wohl aber mehr oder weniger plausibel und zweckmäßig.

Jede Gliederung läßt sich grob oder fein ausdifferenzieren.

---

[26] L. J. Issing: Medienstudium und Medienausbildung in Deutschland, S. 174

Die Kommunikationswissenschaft hat sich bisher nur wenig um ihre Systematik gekümmert. Natürlich liegt jedem Lehrbuch und jedem Überblick über einen größeren Teilbereich (z.B. über Medienwirkungen) eine Systematik zugrunde, doch setzt dabei jeder Autor seine eigene Gliederung an. Reflektiert und diskutiert wurde dieses Thema in der Kommunikationswissenschaft bis heute so gut wie gar nicht. Für dieses Versäumnis gibt es vermutlich mehrere Gründe. Zum einen setzt jede Systematik voraus, daß das zu systematisierende Feld klar abgegrenzt wird; und wir haben gesehen, daß sich die Kommunikationswissenschaftler damit schwer tun. Zweitens sind Systematikdiskussionen oft mühsam und unbequem, eben weil es immer mehrere Lösungsmöglichkeiten gibt. Und drittens schließlich kann man gut empirisch forschen, ohne viel nach einer Systematik zu fragen. Wie auch immer, das Desinteresse der Kommunikationsforscher gibt zu denken. Saxer interpretiert das "Fehlen einer allgemeinverbindlichen Systematik der Disziplin als Indikator für Identitätsprobleme."[27]

Die Gliederung, die dem vorliegenden Buch zugrundeliegt, stellt *einen* Versuch dar, die Kommunikationswissenschaft zu systematisieren, das heißt: in das Feld dieser Disziplin eine plausible Ordnung hineinzubringen.

---

[27] U. Saxer: a.a.O., S. 526

3. Begriffe

3.1 Begriffe in der Wissenschaft

Begriffe – und zwar Nominalbegriffe als die einzigen, die in unserem Zusammenhang interessieren – dienen um der zwischenmenschlichen Verständigung willen dazu, Dinge, Sachverhalte, Tatbestände, Prozesse, Denkgebilde zu benennen und sie damit von anderen Phänomenen abzugrenzen, das heißt sie im eigentlichen Sinne des Wortes zu "definieren". Diese Feststellung klingt einfach, sie birgt aber eine Reihe von Problemen in sich.

Die zu untersuchende Sache, der Gegenstand ist vorhanden, ist gegeben. Um sich verständlich machen zu können, muß der Forscher sich für einen Terminus entscheiden, mit dem er den gemeinten Sachverhalt bezeichnen will. Grundsätzlich ist er bei diesem Verfahren, das als Nominaldefinition bezeichnet wird, völlig frei. Er kann jedes beliebige Wort oder Zeichen benutzen, um das Gemeinte zu designieren; er kann ein neues Wort oder Zeichen prägen; er kann aber auch auf ein vorhandenes Wort oder Zeichen zurückgreifen. Das, wofür er sich entscheidet, schlägt er zur Verwendung als Begriff vor, er strebt eine Übereinkunft über diesen Begriff an. Dazu muß er den gemeinten Sachverhalt möglichst präzise beschreiben; er muß den Begriff so eindeutig bestimmen, daß dieser konsistent verwendet werden kann und sich hinreichend von benachbarten Begriffen abgrenzen läßt; ferner sollte der Begriff für den wissenschaftlichen Gebrauch seiner Wertakzente entkleidet werden – nicht aus prinzipiellen Gründen, sondern um der semantischen Zweckmäßigkeit willen; und schließlich sollten die Merkmale des Begriffs möglichst weitgehend operationalisierbar sein, das heißt sie sollten sich ohne Schwierigkeiten in Größen oder "Indikatoren" umsetzen lassen, mit denen man empirisch operieren kann.

Eine Nominaldefinition ist somit nichts anderes als ein Vorschlag, ein bestimmtes Zeichen einem bestimmten Phänomen, dem Designatum, zuzuordnen. Es wird also eine Übereinkunft über die Verwendung eines Zeichens angestrebt. Als ein beliebiger Vorschlag, der akzeptiert oder abgelehnt werden kann, ist eine Nominaldefinition niemals richtig oder falsch, sie kann nur mehr oder weniger zweckmäßig oder unzweckmäßig sein.

Zweckmäßigkeit oder Unzweckmäßigkeit läßt sich nur anhand von Kriterien beurteilen. Als die wichtigsten Kriterien für die Zweckmäßigkeit einer Nominaldefinition gelten 1. die Präzision des Begriffes als Bedeutungsvermittler, 2. seine Konsistenz, 3. die theoretische Fruchtbarkeit des Begriffes, also das Ausmaß, in dem der Begriff dazu beiträgt, das Hauptziel der Sozialwissenschaften – die Formulierung brauchbarer Theorien – zu erreichen, 4. die Operationalisierbarkeit der Bestimmungsstücke der Definition, und 5. das Verhältnis des definierten Begriffes zu seiner umgangssprachlichen Bedeutung. Man könnte noch weitere Kriterien herausarbeiten; doch mögen diese fünf hier als die wichtigsten genügen.

Zu dem letztgenannten Kriterium ist anzumerken: Die Sprache der meisten Naturwissenschaften ist dadurch gekennzeichnet, daß sie weithin mit Zahlen, Zeichen, Buchstaben, lateinischen Ausdrücken oder eigens geprägten Wörtern arbeitet. Die Naturwissenschaften entfernen sich damit bewußt und zielstrebig von der Alltagssprache und bauen eine esoterische, nur Eingeweihten verständliche Fachsprache auf. Sie erreichen damit, sobald man sich über die Bedeutung der Zeichen geeinigt hat, ein Höchstmaß an Präzision, Konsistenz und meist auch an theoretischer Fruchtbarkeit und Operationalisierbarkeit. Auch in den Sozialwissenschaften sind Tendenzen zu beobachten, die in dieselbe Richtung weisen. Nichtsdestoweniger besteht die sozialwissenschaftliche Fachsprache immer noch zu großen Teilen aus Begriffen, die auch in der Umgangssprache gebräuchlich sind. Offensichtlich sind die Sozialwissenschaften als eigene Disziplinen noch so jung, daß bislang die Zeit zu kurz war für den mühsamen Prozeß, sich über die Verwendung von fachsprachlichen Zeichen zu einigen. Zudem darf nicht übersehen werden, daß nicht wenige Wissenschaftler dieser Disziplinen einer solchen Formalisierung der Fachbegriffe erheblichen Widerstand entgegensetzen, insbesondere mit den Argumenten, "daß in den Sozialwissenschaften ein Definiens meistens der vorwissenschaftlichen Bedeutung des Definiendums ähnlich ist, so daß die Assoziation zwischen Zeichen und (neuen) Designata bei der Verwendung sinnloser Zeichen als Definienda erschwert würde. Weiterhin würde die Kommunikation zwischen Wissenschaftlern und Nichtwissenschaftlern schwieriger; denn wenn die in den Sozialwissenschaften verwendeten Wörter ähnlich sind, können Laien wenigstens grob die Ergebnisse sozialwissenschaftlicher Forschung verstehen. Es scheint also durchaus sinnvoll zu sein, in Nominaldefinitionen Wörter aus der Alltagssprache als Definienda zu benutzen."[28]

Allerdings muß dann der Wissenschaftler, um Mißverständnissen und Fehlinterpretationen vorzubeugen, genau angeben, wie sich der Fachbegriff zu dem gleichlautenden Wort der Umgangssprache verhält. Dabei darf der Forscher jedoch nicht davon ausgehen, daß er die umgangssprachliche Bedeutung ohne weiteres kennt. Zwar lebt auch er in und mit einer Umgangssprache, aber es gibt Gründe für die Annahme, daß diese seine Umgangssprache nicht immer mit derjenigen der breiten Bevölkerung identisch ist. Hier setzt ein Verfahren ein, das bisher in den Sozialwissenschaften zu wenig beachtet und benutzt wurde: die "Bedeutungsanalyse".[29] Für den Bereich der wissenschaftlichen Begriffsbildung dient die Bedeutungsanalyse dazu, das Verhältnis eines Fachbegriffes zu dem gleichlautenden Wort der Umgangssprache zu klären. Diese Klärung wiederum dient als Kriterium für die Entscheidung, ob es zweckmäßig ist, ein umgangssprachliches Wort auch als Fachterminus zu gebrauchen.

Die Sachlage kompliziert sich noch dadurch, daß Begriffe in der Umgangssprache und gar nicht so selten auch in der Sprache der Wissenschaft von ihrem Inhalt her nicht nur eine "Denotation", sondern auch eine "Konnotation" haben. Versteht man unter "Denotation" die definitorisch fixierbare Bedeutung eines Begriffes, eine Umschreibung also,

---

[28] K. D. Opp: Methodologie der Sozialwissenschaften, S. 95f
[29] Darüber mehr im Abschnitt 7.3

wie sie zum Beispiel das Wörterbuch bietet, so besitzen die meisten Begriffe darüber hinaus noch ein "konnotatives Umfeld", bestehend aus einer Vielzahl von gedanklichen Assoziationen, emotionalen Assonanzen und unterschwelligen Bewertungen. Ein und dasselbe Wort, über dessen Denotation man sich relativ schnell einigen kann, hat oft für verschiedene Menschen oder Personengruppen ein ganz verschiedenes konnotatives Umfeld; und diese Tatsache ist um so gravierender, als diese Verschiedenheiten in der Regel gar nicht bemerkt werden, nichtsdestoweniger aber für die zwischenmenschliche Verständigung außerordentlich folgenschwer sein können. Das gilt nicht zuletzt auch für die Begriffe, die in empirischen sozialwissenschaftlichen Studien verwendet werden, beispielsweise in Befragungen, Experimenten, Tests. Die Ergebnisse können verfälscht werden, wenn Forscher und Probanden bei einem Begriff verschiedene konnotative Umfelder haben.

Doch zurück zur Nominaldefinition. Beim Benutzen von Begriffen als Benennung stellt sich leicht die Vorstellung ein, der Begriff sage auch etwas über das "Wesen" der benannten Sache aus. Begriff und Gemeintes sind im unreflektierten Denken so eng miteinander verflochten, daß sie in eins verfließen. Man ist geneigt, Begriff und Sache gleichzusetzen. Demgegenüber sollte man sich vor Augen halten, daß ein Nominalbegriff nichts über das "Wesen" des Gemeinten aussagt, sondern stets eine auf Übereinkunft beruhende und somit beliebige Benennung ist. "Die Wissenschaft der Neuzeit beginnt mit der folgenreichen Entdeckung, daß man nicht, wie die Scholastik, von Begriffen und Definitionen ausgehen darf, wenn man das Feld der Wirklichkeit durchforschen will. Zwar erfordert die Präzision des begrifflichen Instrumentariums auch Definitionen; aber moderne Wissenschaft ist darauf bedacht, den Anschein zu vermeiden, als sollte in diesen Definitionen das Wesen der behandelten Gegenstände erfaßt werden. Definiert werden nicht die Gegenstände, definiert werden die Begriffszeichen, die man verwendet; und man ist sich bewußt, daß jede solche Definition im Fortschritt der Wissenschaft revidiert werden muß."[30]

3.2 Grundbegriffe der Kommunikationswissenschaft

Aus der großen Zahl kommunikationswissenschaftlicher Begriffe wählen wir nur einige wenige aus, die uns besonders wichtig erscheinen, nämlich: Kommunikation, Interaktion, Sprache, Massenkommunikation, Kommunikator, Aussage, Medium, Rezipient. Dabei geht es nicht darum, diese Grundbegriffe neu zu definieren; vielmehr sollen sie hier nur im Hinblick auf Unklarheiten sowie auf strittige oder auch mißverständliche Aspekte kurz gemustert werden.

3.2.1 Kommunikation, Interaktion

"Kommunikation ist das Zauberwort der Postmoderne geworden, das in vielerlei modischen Schattierungen den Blick für die Komplexität des Objekts offensichtlich flächendeckend verstellt hat."[31]

---

[30] G. Picht: Was heißt Friedensforschung?, S. 107
[31] K. Merten: Die Entbehrlichkeit des Kommunikationsbegriffs, S. 188

Während im Englischen "communication" seit jeher ein geläufiges Wort der Umgangssprache war, verbreitete sich in Deutschland "Kommunikation" erst mit dem Entstehen der Kommunikationswissenschaft. Auch wenn bei uns der Normalbürger diesen Begriff nur selten verwendet, begegnet er uns heute auf Schritt und Tritt, in der Sprache der Medien, der Wirtschaft, der Pädagogik, der Wissenschaft, der Rechtssprechung und nicht zuletzt in der Politik, sichtbar vor allem im Begriff und Konzept der "Kommunikationspolitik".

Der Begriff „Kommunikation" ist vieldeutig. Merten kam in einer begriffskritischen Studie auf 160 Definitionen oder definitorische Sätze.[32] Wer also über Kommunikation schreibt, sollte klar sagen, was er damit meint.

"Kommunikation" steht für die Tatsache, "daß Lebewesen untereinander in Beziehung stehen, daß sie sich verständigen können, daß sie imstande sind, innere Vorgänge oder Zustände auszudrücken, ihren Mitgeschöpfen Sachverhalte mitzuteilen oder auch andere zu einem bestimmten Verhalten aufzufordern."[33] Stark verkürzt kann man sagen: Kommunikation ist die Bedeutungsvermittlung zwischen Lebewesen.[34] So oder ähnlich finden sich in der Fachliteratur zahlreiche Begriffsbestimmungen; hier nur zwei Beispiele: Kommunikation ist zu verstehen als ein "Prozeß

---

[32] K. Merten: Kommunikation, S. 29
[33] G. Maletzke: Psychologie der Massenkommunikation, S. 16
[34] Doch wird diese Einschränkung auf Lebewesen in jüngster Zeit vielfach nicht mehr anerkannt. "Kommunikation" wird dann weiter gefaßt: Man spricht auch von "Mensch-Maschine"- und "Maschine-Maschine"-Kommunikation.

der Zeichenübertragung".[35] „Zusammenfassend kann Kommunikation als intentionale Informationsübertragung zwischen zwei oder mehr Systemen, die der Informationsabgabe und -aufnahme fähig sind, definiert werden."[36]   Erst allmählich erkannte man, daß die Wörter "Vermittlung", "Übertragung", "Austausch" u.ä. mißverständlich sein können: Sie legen möglicherweise die Vorstellung nahe, es handle sich um einen Prozeß, bei dem eine "Ware" von der einen auf die andere Seite transportiert wird, also gleichsam um ein Geben und Nehmen. Eine solche Vorstellung entspricht jedoch keineswegs dem derzeitigen Konzept von Kommunikation. Heute geht man aus von einem wechselseitigen Verstehensprozeß zwischen Partnern mit einer gemeinsamen Basis, also von der Voraussetzung, daß ein "dem Sender und Empfänger gemeinsamer Symbolvorrat (shared code) als das minimum communale aller Kommunikation zugrundeliegt"[37]. "Menschliche Kommunikation liegt erst dann vor, wenn (mindestens zwei) Individuen ihre kommunikativen Handlungen nicht nur wechselseitig aufeinander richten, sondern darüber hinaus auch die allgemeine Intention ihrer Handlungen (=Bedeutungsinhalte miteinander teilen wollen) verwirklichen können und damit das konstante Ziel (=Verständigung) jeder kommunikativen Aktivität erreichen... Dies ist eben nur dann der Fall, wenn beide Kommunikationspartner die zu vermittelnden Bedeutungen auch tatsächlich (!) miteinander teilen"[38]. "Als

---

[35] R. Burkart und W. Hömberg (Hg.): Kommunikationstheorien, S. 11
[36] G. Bentele und K. Beck: Information – Kommunikation – Massenkommunikation, S. 21
[37] C. F. Graumann: Interaktion und Kommunikation, S. 1180
[38] R. Burkart: Kommunikationswissenschaft, S. 24

Kommunikation bezeichnet man einen Vorgang, der auf bestimmten Gemeinsamkeiten zwischen verschiedenen Subjekten beruht. Der Begriff ist vom Lateinischen communis = gemeinsam abgeleitet. Gemeinsam haben Kommunizierende: erstens eine materielle oder energetische Verbindung zu Übertragung von Signalen; zweitens eine durch Erwartungen gekennzeichnete Beziehung, aus der Information entsteht; drittens bestimmte übereinstimmende Kognitionen, d.h. Wissen, Erfahrungen, Bewertungen usw., aus denen sich die Erwartungen ableiten und die den Signalen Bedeutung verleihen; und viertens bestimmte Absichten oder Folgen in bezug auf ihren Zustand oder ihr Verhalten"[39]. "Ziel des Verständigungsprozesses ist nun die Herbeiführung eines Einverständnisses zwischen den beiden Kommunikationspartnern, das im wechselseitigen Verstehen, geteilten Wissen, gegenseitigen Vertrauen und miteinander Übereinstimmen besteht. Wechselseitiges Einverständnis – als Ergebnis erfolgreich abgelaufener Kommunikations- bzw. Verständigungsprozesse – liegt demnach immer dann vor, wenn Sprecher und Hörer insbesondere im Hinblick auf die Wahrheit der Aussagen (=obj.Welt), die Wahrhaftigkeit der Äußerungen (=subj.Welt) und die Richtigkeit/Angemessenheit der zum Ausdruck gebrachten Interessen (=soziale Welt) übereinstimmen."[40]

„Erfolgreiche Kommunikation hat eine große Voraussetzungslast zu bewältigen. Neben der Beherrschung der Sprache müssen sich Kommunikationspartner gegenseitig Kommunikationsbereitschaft und Aufrichtigkeit zubilli-

[39] W. Schulz: Kommunikationsprozeß, S. 140
[40] R. Burkart: Verständigungsorientierte Öffentlichkeitsarbeit, S. 221

gen; sie müssen zur Kommunikation disponiert und motiviert sein; sie müssen erkennen, in welchem Diskurs die Kommunikation stattfindet, entsprechende Gattungen, Rede- und Stilformen beherrschen; sie müssen die Sozialstruktur einer Kommunikationssituation angemessen berücksichtigen, um Verteilung von Kommunikationsanteilen einschätzen und wichtige Sprachregister richtig handhaben zu können; sie müssen sich ein erfolgreiches Bild vom Kommunikationspartner machen, um seine Absichten, Interessen und Bereitschaften einschätzen zu können."[41]

Diese Zitate weisen allesamt darauf hin, daß Kommunikation zu verstehen ist als ein hochkomplexes Phänomen, dem eine kurze und einfache Definition nicht gerecht wird.

Zu bedenken ist noch ein weiterer Aspekt: Den Begriff "Kommunikation" kann man je nach Kontext und Bedarf eng oder weit fassen. Dazu heißt es bei Schulz: "Es gibt eine sehr weitgefaßte und eine engere Bedeutung von Kommunikation. Der engere Kommunikationsbegriff bezieht sich auf die Gemeinsamkeiten zwischen verschiedenen Menschen, auf einen sozialen Prozeß. Der umfassende Begriff wird in vielen verschiedenen Bereichen und in den entsprechenden Wissenschaften angewandt, so auch auf Prozesse unter Tieren (animalische Kommunikation), Prozesse innerhalb lebender Organismen (Biokommunikation) wie auch innerhalb oder zwischen technischen Systemen (technische Kommunikation, Maschinenkommunikation) oder zwischen Menschen und technischen Apparaten, zum Beispiel Computern (Mensch-Maschine-Kommunikation). Die Begrifflichkeit ist noch ziemlich uneinheitlich und verändert sich

---

[41] S. J. Schmidt: Kommunikation – Kognition – Wirklichkeit, S. 109

rasch, so wie der ganze Bereich der Kommunikation sich sehr rasch verändert."[42]

Der Bereich der engeren Bedeutung von "Kommunikation" läßt sich nach Littlejohn in sich noch weiter gliedern, und zwar in vier Grundformen:

- Interpersonale Kommunikation
- Kleingruppenkommunikation
- Organisationskommunikation
- Massenkommunikation.[43]

Diese vier Formen beschreibt Littlejohn folgendermaßen:

"Interpersonal communication deals with communication between people, usually in face-to-face, private setting. These chapters include theories relevant to characteristics of communicators, discourse, and relationships.
- Group communication relates to the interaction of people in small groups, usually in decision-making settings. Group communication necessarily involves interpersonal interaction, and most of the theories of interpersonal communication apply also in the group context.
- Organizational communication occurs in large cooperative networks and includes virtually all aspects of both interpersonal and group communication and includes topics such as the structure and function of organizations, human relations, communication and the process of organizing, and organizational culture.

---

[42] W. Schulz: a.a.O., S. 140
[43] S. W. Littlejohn: Theories of human communication, S. 19

– Mass communication deals with public and mediated communication. Many of the aspects of interpersonal, group, and organizational communications enter into the process of mass communication."[44]

Angesichts der Schwierigkeiten, die sich bei der definitorischen Bestimmung von "Kommunikation" auftun, meint Merten, der sich mit diesem Fragenkreis intensiv befaßt hat, es wäre ratsam, auf diesen Begriff ganz zu verzichten: "Unter diesen Umständen wäre es nur folgerichtig und wissenschaftlich korrekt, den Begriff der Kommunikation als theoretischen Begriff – mit Würde und Anstand, versteht sich – sorgfältig zu beerdigen und für das, was nun genau Kommunikation ist oder ausmacht, einen neuen Begriff einzuführen."[45] Allerdings hat Merten selber den Begriff dann doch nicht beerdigt, vermutlich in der Einsicht, daß sich weithin akzeptierte Begriffe in der Wissenschaft nicht einfach von heute auf morgen ersetzen lassen. Wir werden also weiterhin mit dem schillernden Wort "Kommunikation" leben müssen.

*

In der sozialwissenschaftlichen Literatur begegnet uns häufig der Begriff "*Interaktion*", der offensichtlich eng mit "Kommunikation" zusammenhängt[46]. Das wirft die Frage

---

[44] a.a.O., S. 17
[45] K. Merten: Die Entbehrlichkeit des Kommunikationsbegriffs, S. 188f
[46] Dazu u.a. C. F. Graumann: Interaktion und Kommunikation. –
M. Jäckel: Interaktion

42

auf, wie sich beide Begriffe und Konzepte zueinander verhalten.

Von der Wortbedeutung her liegt der Akzent bei Kommunikation eher auf Verständigung, bei Interaktion mehr auf sozialem Handeln.

Nach Schenk sind die beiden Phänomene auf komplexe Weise miteinander verschränkt: "Während Kommunikation allgemeine Voraussetzung für soziales Handeln, für die wechselseitige Beeinflussung und reziproke Verhaltensorientierung von Individuen ist, werden durch die Interaktion die Formen und der Ablauf kommunikativer Handlungen angezeigt, d.h. Kommunikation und Interaktion bedingen sich gegenseitig. Folgt man Max Weber (1922), der soziales Handeln als solches Handeln definiert, das seinem Sinn nach auf das Verhalten anderer bezogen wird und daran in seinem Ablauf orientiert ist, wird die Funktion von Kommunikation deutlich. Sie erleichtert einerseits die Herausbildung von Regelmäßigkeiten im sozialen Handeln – nämlich das Entstehen eines jeweils typischen und gleichartig gemeinten Sinnes bei den Handelnden –, andererseits werden durch sich wiederholende Abläufe von Handlungen (z.B. Brauch, Sitte) vorhandene Kommunikationsprozesse gefestigt."[47]

Einige Autoren sehen das begriffliche Verhältnis von Interaktion und Kommunikation als Über- und Unterordnung. Interaktion ist dann der übergeordnete und Kommunikation der untergeordnete Begriff: Interaktion liegt vor, wenn "(mindestens zwei) Lebewesen zueinander in Beziehung treten", man bezeichnet damit "Prozesse der Wechsel-

---

[47] M. Schenk: Kommunikationstheorien, S. 173

beziehung bzw. Wechselwirkung zwischen zwei oder mehreren Größen"; Kommunikation dagegen ist "als eine spezifische Form der sozialen Interaktion zu verstehen."[48] "Die Begriffe Interaktion und Kommunikation werden in Anlehnung an die Definition sozialen Handelns durch Max Weber verwandt. Interaktion wird als Synonym für soziales Handeln und Kommunikation als Interaktion vermittels Symbolen definiert."[49]

Allerdings, im konkreten Falle dürfte es kaum möglich sein, in diesem Sinne klar zu unterscheiden. So kommt denn auch Graumann, der beiden Begriffen in einer sorgsamen Untersuchung nachgegangen ist, zu dem Schluß, "daß für die Zwecke der empirischen Forschung... zwischen menschlicher Interaktion und Kommunikation kein Unterschied mehr gemacht wird."[50]

3.2.2 Sprache

Der Begriff "Sprache" bedarf in unserem Zusammenhang keiner langen Erörterungen. Sprache ist immer Kommunikation, aber sie ist eine Kommunikationsform unter mehreren anderen. "Kommunikation" ist also der übergeordnete Begriff.

In den Sozialwissenschaften hat man sich weitgehend darauf geeinigt, als Sprache nur die Verständigung mit Hilfe von Symbolen zu bezeichnen; und diese Form von Kommu-

---

[48] C. F. Graumann: a.a.O., S. 1110
[49] H. Bürger: Sprache der Medien, S. 7f
[50] C. F. Graumann: a.a.O., S. 1179

nikation ist eine besondere Fähigkeit des Menschen; daran ändern auch die zahlreichen Berichte über "sprechende" Menschenaffen nichts[51]. Im übrigen ist das wiederum nur eine Frage der Definition. Wenn man in der Umgangssprache und im Alltagsdenken auch Tieren Sprache zuschreibt, dann entspricht das nicht dem wissenschaftlichen Begriffskonsens.

3.2.3 Massenkommunikation

"Mass communication" war in den angloamerikanischen Sozialwissenschaften bereits ein bekannter und geläufiger Terminus, als er – etwa in den fünfziger Jahren – in direkter Übersetzung "Massenkommunikation" ins Deutsche übernommen wurde – freilich mit ausdrücklichen Bedenken und Vorbehalten. Man war sich damals durchaus der Tatsache bewußt, daß der Wortbestandteil "Masse" leicht zu Mißverständnissen führen kann, denn dieses Wort hat für viele einen negativen Wertakzent; man denke an "Massengesellschaft" oder "Massenware" oder "Vermassung". Wenn man sich dennoch für "Massenkommunikation" entschied, dann vor allem wegen der einfachen internationalen sprachlichen Verständigung und außerdem mit dem ausdrücklichen Hinweis, "Masse" sei in diesem Kontext als ein "disperses Publikum" zu verstehen.

Aus dem Jahre 1963 stammt eine Definition, die im deutschen Sprachraum weithin akzeptiert wurde und auch heute noch oft benutzt wird. Sie lautet: "Unter Massenkom-

---

[51] Hierzu u.a. D. E. Zimmer: So kommt der Mensch zur Sprache

munikation verstehen wir jene Form der Kommunikation, bei der Aussagen

öffentlich	(also ohne begrenzte und personell definierte Empfängerschaft)
durch technische Verbreitungsmittel	(Medien)
indirekt	(also bei räumlicher oder zeitlicher oder raumzeitlicher Distanz zwischen den Kommunikationspartnern)
und einseitig	(also ohne Rollenwechsel zwischen Aussagendem und Aufnehmendem)

an ein disperses Publikum vermittelt werden."[52]

Doch nicht alle Forscher waren und sind mit dieser Fassung einverstanden. Die Kritik machte vor allem geltend, Massenkommunikation sei eigentlich gar nicht Kommunikation; die einseitig-technische Vermittlung von Aussagen habe mit Kommunikation nichts zu tun: "Mir scheint, daß für die Vermengung von Bezugsebenen und die Verwischung des Begriffs 'Kommunikation' in erheblichem Maße auch eine schon in der Bezeichnung unseres Faches als 'Kommunikationswissenschaft' enthaltene kollektive Fehlorientierung verantwortlich ist. Denn es ist sicherlich irreführend – nicht zuletzt für uns selber –, Massenkommunikation überhaupt als 'Kommunikation' begreifen oder definieren zu

---

[52] G. Maletzke: Psychologie der Massenkommunikation, S. 32

wollen". Zu bedenken ist, "daß Massenkommunikation eben NICHT 'Kommunikation' ist. Darüber können auch die rührenden Versuche unserer Zunft, uns selbst und anderen das Gegenteil zu beweisen – so etwa die lautstarke Forderung nach einem rezipienten- statt medienzentrierten Kommunikationsbegriff oder die Interpretation von Publikumsreaktionen bzw. Mediennutzung als Kommunikationsverhalten – nicht hinwegtäuschen... Kurzum, Massenkommunikation bleibt als 'Kommunikation' mehr als kläglich... Es scheint mir daher wenig sinnvoll zu sein, einen derart überforderten Begriff von 'Kommunikation' in den Mittelpunkt einer Disziplin zu stellen, die sich mit 'öffentlicher Kommunikation', also mit dem Massenkommunikationssystem einer Gesellschaft beschäftigt. Wäre es nicht angemessener, zunächst einmal zur Kenntnis zu nehmen, daß Massenkommunikation eben nicht als 'Kommunikation' zu verstehen, sondern strukturell und theoretisch ein Phänomen sui generis ist?"[53] Die gleiche Argumentation findet sich auch in diesem Zitat: "Man interpretiert sie (die Massenkommunikation) ernsthaft als eine Art Kommunikation ... und verbaut sich damit den Blick auf den eigentlichen Kern dieser Prozesse."[54] Das sind massive Vorwürfe, die jedoch – nach unserem Verständnis von Begriffen und Nominaldefinitionen – so nicht zu halten sind. Beiden Autoren kann man den Vorwurf nicht ersparen, daß sie von *ihrem* Begriffssystem ausgehen und dieses für das einzig richtige halten. Offensichtlich liegt bei beiden ein sehr enges Verständnis von "Kom-

---

[53] L. Erbring: Kommentar zu Klaus Krippendorf, S. 62f
[54] J. Kob: Die gesamtgesellschaftliche Bedeutung von Massenmedien, S. 393f

munikation" vor: Aus dieser Sicht soll der Begriff nur für die direkte persönliche Kommunikation gelten; alles andere ist dann eben nicht "Kommunikation". Demgegenüber versteht die große Mehrzahl der Fachvertreter Kommunikation in einem viel weiteren Sinne, der uneingeschränkt auch die Massenkommunikation mit einschließt. Hier geht es also lediglich um eine Definitionsfrage, und bei Definitionen gibt es – wie dargelegt – kein "richtig" oder "falsch". Wichtig, weil zweckmäßig, ist es nur, daß man bei Definitionen zu einem allgemeinen Konsens kommt.

Im Feld der Massenkommunikation pflegt man vier Faktoren zu unterscheiden: Kommunikator, Aussage, Medium, Rezipient. Im folgenden geht es wiederum nicht um neue Definitionen, sondern lediglich um einige kurze kritische Hinweise und Anmerkungen zu jedem dieser Begriffe.

3.2.4 Kommunikator

Beim Begriff "Kommunikator" denkt man zunächst an eine Einzelperson, die etwas aussagt; man denkt zum Beispiel an einen Journalisten, einen Moderator, einen Reporter, einen Rener, einen Kommentator. In der Massenkommunikation sind jedoch in aller Regel mehrere Personen an der Selektion, Gestaltung und Verbreitung von Aussagen beteiligt, und zwar mit verteilten, spezifisch festgelegten Aufgaben und Funktionen. Um dem gerecht zu werden, spricht man oft besser von der "Kommunikatorseite".

Nun wird allerdings der Kommunikatorbegriff heute fragwürdig durch die Entwicklung neuer elektronischer Kommunikationsmöglichkeiten, die die Kommunikatorrolle entscheidend verändern können. Zwar wird es auch weiterhin Kommunikatoren im herkömmlichen Sinne geben, doch wandelt sich in vielen Fällen die Kommunikatorrolle grundlegend. Das versucht Goertz mit einem neuen Terminus in den Griff zu bekommen. "Der Kommunikator, der im Extremfall überhaupt keine Aussagen mehr produziert, sondern lediglich den technischen Ablauf der Kommunikation kontrolliert, wird auf diese Weise zum 'Organisierenden Beteiligten'"[55]. Allerdings, handlich ist dieser Begriff nicht. Es bleibt abzuwarten, ob er sich durchsetzt.

Die Kommunikatorforschung stellt ein wichtiges und umfangreiches Teilgebiet der Kommunikationswissenschaft dar.

3.2.5 Aussage

Über den Begriff "Aussage" als Bezeichnung für das "Ausgesagte" gibt es in der Kommunikationswissenschaft kaum Meinungsverschiedenheiten. Er umfaßt sowohl den Inhalt als auch die Form der "Botschaft" (message), und einige Literaturwissenschaftler fügen dem als dritten Aspekt noch den Gehalt an.

Der empirischen Forschung steht hier ein weites Feld offen: "In den Untersuchungsbereich der Aussageforschung gehört die öffentliche Parteitagsrede ebenso wie die Kirchenpredigt; das politisch-aktuelle Theaterstück ebenso wie die Pantomime als Ausdruck visueller Kommunikation; die Meldung der Nachrichtenagentur ebenso wie eine um-

---

[55] L. Goertz: Wie interaktiv sind Medien? S. 484

fangreiche Zeitungsreportage; das Hörfunkinterview ebenso wie der Fernsehkommentar; das Hörspiel ebenso wie der Fernsehfilm; die Filmdokumentation ebenso wie das Werbeplakat, die Wandzeitung ebenso wie das Flugblatt... Aussageforschung befaßt sich nicht nur mit den publizistischen Aussagen an sich, sondern auch mit den konkreten Bedingungen gesellschaftlicher, organisatorischer und technischer Natur, unter denen sie entstehen; ebenso aber auch mit den potentiellen Einflüssen, die von ihnen auf Aussageempfänger – unter je spezifischen Empfangsbedingungen – ausgehen können."[56]

Die Methode, mit der man Aussagenangebote empirisch untersucht, müßte eigentlich konsequenterweise "Aussagenanalyse" heißen, und so lautete auch ein früherer Vorschlag (Maletzke 1963). Doch dann hat man sich im deutschen Sprachraum in Anlehnung an das englische "Content analysis" für "Inhaltsanalyse" entschieden, das von der Wortbedeutung her nur einen Teilaspekt der Aussage, nämlich den Inhalt, umfaßt und die formale Gestaltung von Aussagen ausklammert. Doch hat sich der Begriff "Inhaltsanalyse" als Bezeichnung für eine beide Aspekte umfassende Methode so fest eingebürgert, daß es heute nichts mehr darüber zu diskutieren gibt.

3.2.6 Medium

Der Begriff "Medium" ist vieldeutig. Wir sind ihm bereits im Abschnitt 2.3 bei der Erörterung der "Medienwissen-

---

[56] H. Pürer: Einführung in die Publizistikwissenschaft, S. 36

schaft" begegnet. In der Kommunikationswissenschaft bezeichnete man damit die technischen Mittel oder Instrumente, die der Verbreitung von Aussagen dienen. Heute faßt man diesen Begriff weiter, doch gibt es keinen Konsens darüber, wie weit er reichen soll.

"Medien stehen nahezu für alles mögliche: (a) für technologische Artefakte (Kabel, Satelliten, Druckaggregate, Bildschirme, Lichtsatz oder Band-Schneidemaschinen, (b) für gesellschaftsabhängige publizistische Arbeitsorganisationen (Redaktionen, Nachrichtenagenturen, Rundfunkorganisationen, Pressedienste, Vertriebssysteme), (c) für 'die Berichterstattung', das sind die verbreiteten Ergebnisse redaktioneller Auswahl- und Entscheidungsprozesse, (d) für die Formatierung von Darstellungen und Codierungen (Marshall McLuhan), (e) für individuell schematisierte Informations-Verarbeitungsmuster (z.B. gatekeeping), (f) für die 'symbolisch generalisierten Kommunikationsmedien' Geld, Liebe, Wahrheit, Macht, Werte u.a. (in den Soziologien Talcott Parsons und Niklas Luhmanns), (g) für jene 'Orte', die – nach Meinung von 'politicking professors' – von 'politicking journalists' beherrscht werden".[57] "Obwohl es sich ja um ihr Materialobjekt handelt, hat die Publizitkwissenschaft es paradoxerweise versäumt, sich auf einen theoriefähigen Medienbegriff zu einigen. Statt dessen wird die Position 'Medium' in der publizistischen Kommunikation mehrheitlich einfach als diejenige des technischen Substrats verstanden und zugleich als publizistikwissenschaftlich relativ uninteressant abgetan ... In diesem Kontext könnte z.B. ein publizistikwissenschaftliches Kon-

---

[57] M. Rühl: Kommunikation und Öffentlichkeit, S. 79

zept von Medium, wegleitend für die Forschung, lauten: Medien sind komplexe institutionalisierte Systeme um organisierte Kommunikationskanäle von spezifischem Leistungsvermögen."[58]

„Medien sind also, erstens, Kommunikationskanäle, geeignet, bestimmte Zeichensysteme mit unterschiedlicher Kapazität zu transportieren. Besonders wichtig ist in diesem Zusammenhang die allzu oft von Untergangspropheten verkannte Tatsache, daß einmal bewährte massenmedial etablierte Kommunikationstechnologien, etwa diejenigen des Films oder des Buches, von neuen Marktbewerbern, z.B. dem Fernsehen, nicht verdrängt, sondern bloß zur funktionalen Anpassung an die veränderte Konstellation veranlaßt werden. Zum zweiten sind Medien Organisationen, d.h. zweckerfüllende Sozialsysteme, denn nur so kommt die jeweilige Medientechnik effizient zum Tragen. Weil Medienkommunikation das Resultat von Herstellungs-, Bereitstellungs- und Empfangsvorgängen ist, bilden Medien, drittens, komplexe Systeme, freilich in unterschiedlichem Maß: Zwischen einer kleinen Landzeitung und einer großen Fernsehstation bestehen offenbar sehr beträchtliche Komplexitätsunterschiede. Medienkommunikation, da sie, viertens, in alle erdenkliche Schichten des gesellschaftlichen Seins hineinwirkt, zeitigt in unbegrenzt vielfältiger Weise Auswirkungen, funktionale wie dysfunktionale. Und um dieses umfassenden Funktionspotentials willen werden Medien, fünftens, in das gesellschaftliche Regelungssystem eingefügt, werden sie institutionalisiert."[59]

---

[58] U. Saxer: Grenzen der Publizistikwissenschaft, S. 532
[59] U. Saxer: Konstituenten einer Medienwissenschaft, S. 21

"Es gibt ... keine unvermittelte Kommunikation; 'alle Kommunikation bedarf des Mittels oder Mediums, durch das hindurch eine Nachricht übertragen bzw. aufgenommen wird' (Graumann 1972, S. 1182). In diesem allgemeinen Sinn steht Medium daher – speziell was nun die menschliche Kommunikation betrifft – sowohl für personale (der menschlichen Person 'anhaftende') Vermittlungsinstanzen, als auch für jene technischen Hilfsmittel zur Übertragung einer Botschaft, die uns unsere Industriegesellschaft laufend beschert. Pross (1972) hat versucht, die mediale Vielfalt menschlicher Kommunikation zu differenzieren. Er unterscheidet 'primäre', 'sekundäre' und 'tertiäre' Medien.

Primäre Medien: darunter versteht er die Medien des 'menschlichen Elementarkontaktes' (Pross 1972). Neben der Sprache in ihren vielgestaltigen Ausprägungen zählen dazu auch alle nonverbalen Vermittlungsinstanzen, die dem Bereich der Mimik und/oder Gestik angehören: So existieren Ausdrucksmöglichkeiten von Auge, Stirn, Mund, Nase; ebenso kann über Bewegungen der Extremitäten oder eine bestimmte Haltung der Arme und Beine, also: der Körperhaltung insgesamt, etwas mitgeteilt werden. All diese leibgebundenen Expressionsmöglichkeiten können als 'Medien' fungieren.

Gemeinsam ist all diesen Medien, 'daß kein Gerät zwischen Sender und Empfänger geschaltet ist und die Sinne der Menschen zur Produktion, zum Transport und zum Konsum der Botschaft ausreichen' (Pross).

Sekundäre Medien: dazu zählt Pross all jene Medien, die auf der Produktionsseite ein Gerät erfordern, nicht aber beim Empfänger zur Aufnahme der Mitteilung. Vom Rauchzeichen über ein Flaggensignal bis zum Brief können darüber hinaus hier alle – seit der Erfindung des Druckverfahrens entstandenen – Manifestationen menschlicher Mitteilungen eingeordnet werden: so etwa das Flugblatt, das Plakat, das Buch und die Zeitung.

Tertiäre Medien: mit dieser Kategorie sollen schließlich all jene Kommunikationsmittel erfaßt werden, zu denen technische Sender und technische Empfänger gehören. Telefon, Fernschreiber, diverse Funkanlagen aber v.a. die sog. elektronischen Massenmedien wie Rundfunk, Schallplatte, Film, Fernsehen sowie alle bereits entstandenen und noch entstehenden Videotheken, Datenträger verschiedenster Art sind hier zu nennen. All diesen Medien ist eben gemeinsam, daß sie 'ohne Geräte auf der Empfänger- wie auf der Senderseite nicht funktionieren können' (Pross)."[60]

Die neuen technologischen Entwicklungen, angedeutet mit Stichwörtern wie Multimedia, Datenautobahn, interaktive Dienste u.ä., machen es unumgänglich, den Medienbegriff neu zu überdenken. Haben wir es – so wäre etwa zu fragen – dabei mit ganz neuen Medien zu tun? Oder nur mit neuen Varianten der herkömmlichen Medien? Oder greift da der Begriff „Medium" überhaupt nicht mehr? Brauchen wir hier – und keineswegs nur hier – eine neue kommunikationswissenschaftliche Terminologie?

3.2.7   Rezipient

Der Begriff "Rezipient" wird in der deutschen Kommunikationswissenschaft weithin einheitlich verwendet. Man

---

[60]   R. Burkart: Kommunikationswissenschaft, S. 27f

bezeichnet damit eine Person, die eine Aussage empfängt und "entschlüsselt". Die Gesamtheit aller Personen, die sich einer bestimmten Aussage zuwenden, heißt "Publikum" und im Falle der Massenkommunikation "disperses Publikum". In einer weiten und allgemeinen Bedeutung spricht man auch von der "Rezipientenseite".

Mehrfach wurde in Fachkreisen darauf hingewiesen, daß das Wort "Rezipient" mißverständlich sein kann: Möglicherweise werden Assoziationen hervorgerufen, die unserem heutigen Verständnis vom Prozeß des Massenkommunikation nicht entsprechen: "Re-zipient" – das klingt so, als handle es sich dabei um das Empfangen von Aussagen durch einen passiv "rezipierenden" Empfänger. Doch gilt diese Vorstellung mittlerweile als längst überholt. Aus unserem heutigen Blickwinkel ist der Mensch keineswegs lediglich ein passiver Empfänger von Medienaussagen; vielmehr greift er aktiv in den Prozeß der Massenkommunikation ein: er wählt aus, prüft, verwirft; und oft genug setzt er den Medieninhalten auch Widerstand entgegen. Dieses Konzept vom aktiven Rezipienten hat die Lehre von der Massenkommunikation grundlegend verändert.

Wie schon bei dem Begriff "Kommunikator" wird es angesichts der neuen elektronischen Kommunikationsmöglichkeiten unumgänglich, auch den Begriff "Rezipient" auf seine Brauchbarkeit und Zweckmäßigkeit hin zu überprüfen. "Die Veränderung des Rezipientenbegriffs wird notwendig, weil der Rezipient nun auch in den Kommunikationsprozeß eingreifen kann, also nicht nur 'Aufnehmender' ist. Neutral kann man ihn daher als 'Beteiligten' bezeichnen."[61]

---

[61]   L. Goertz: a.a.O., S. 484

4. Modelle

4.1 Modelle allgemein

Ein Modell ist eine vereinfachte, abstrahierende Repräsentation eines Realitätsbereiches mit dem Ziel, die unter einer bestimmten Problemstellung relevanten Aspekte herauszuheben und überschaubar zu machen.

Modelle sind Abstraktionsleistungen menschlichen Denkens. Abstrahieren können gilt als eine der entscheidenden Fähigkeiten, die den Menschen vom Tier unterscheiden. Gehen wir davon aus, daß das Individuum die Welt unter dem Eindruck einer Fülle von ständig wechselnden Außenweltreizen erlebt, dann wird einsichtig, daß der biologisch unterentwickelte Mensch sich in dieser Welt nur behaupten kann, wenn er diese Vielfalt auf einige wenige Größen reduziert und sie damit verständlich und praktikabel macht. Er erreicht dies durch Selektion und Abstraktion: Er wählt bestimmte, ihm wichtig erscheinende Aspekte aus und läßt andere unbeachtet, und er abstrahiert vom konkreten Einzelfall. Beide Leistungen sind psychologisch gesehen als Entlastungsmechanismen zu verstehen, ohne die der Mensch von der Fülle der Welt überwältigt würde.

In der Modellbildung vollzieht nun der Wissenschaftler diese Auswahl- und Abstraktionsprozesse bewußt und systematisch. Er arbeitet planmäßig jene Faktoren und strukturellen Zusammenhänge seines Untersuchungsfeldes heraus, die ihm relevant erscheinen. Um die auf Überschaubares reduzierte Realität sinnfällig zu machen, bringt der Wissenschaftler – wann immer möglich – das Modell in die Form eines Schemas, einer graphischen Darstellung. Dabei sollte ein Modell – das ist zu betonen – keineswegs als eine Theorie betrachtet werden, sondern eben als Ordnungs- und Verständigungshilfe.

Modelle sind außerordentlich variabel, denn es ist dem Forscher freigestellt, wieviele Faktoren oder Momente des zu repräsentierenden Gegenstandes er im Modell herausheben will. Sämtliche am Gegenstand unterscheidbaren Faktoren und Momente können je nach der Fragestellung und dem Zweck beliebig ausdifferenziert oder zusammengefaßt werden, und das bedeutet: Modelle können sehr einfach, sie können aber auch höchst kompliziert sein.

4.2   Modelle der Massenkommunikation

In der Kommunikationswissenschaft wurde eine Reihe von Modellen entwickelt. Doch erstrecken sich nur wenige von ihnen auf die Kommunikation insgesamt; die Mehrzahl beschränkt sich auf den engeren Bereich der Massenkommunikation, und das hat seinen Grund wohl darin, daß die Kommunikationswissenschaft in einer längeren Anfangsphase ihren Blick recht eng auf die Massenkommunikation richtete und andere Formen von Kommunikation vernachlässigte.

Am Anfang der Modellbildung in der sozialwissenschaftlichen Kommunikationsforschung steht die bekannte Formel von Lasswell: "Who says what in which channel, to whom, with what effect?"[62] Nahezu alle formalen Modelle der Massenkommunikation gehen – wenn auch nicht immer ausdrücklich – von diesem Ansatz aus.

Durch Lasswells Formulierung wird das hochkomplexe Kommunikationsfeld auf fünf Grundeinheiten reduziert, nämlich auf die Faktoren Kommunikator, Aussage, Medium, Rezipient (oder Publikum), Wirkungen. Dieser Ansatz ist zunächst äußerst einfach, und so wurde denn auch die Meinung geäußert, die Lasswell-Formel verdanke ihre Verbreitung und ihre nachhaltige Wirkung nichts anderem als ihrer Trivialität. Dazu wäre anzumerken, daß "Trivialität" nur ein abwertender Ausdruck für Einfachheit ist. So gesehen ist ein großer Teil der wissenschaftlichen Grundeinsichten "trivial", indem sie die reale Welt einfach darstellen und sie damit verständlich und praktikabel machen. Bei aller Komplexität der Forschungsgegenstände im einzelnen besteht wissenschaftlicher Fortschritt weitgehend auch im Aussprechen von "Trivialitäten". Das gilt für Aristoteles, Kopernikus, Newton und Leibniz ebenso wie für Freud, Einstein und Heisenberg. Man sollte also mit dem Vorwurf der Trivialität vorsichtig umgehen.

Ferner wird gegen den Ansatz von Lasswell eingewandt, diese Formel gehe zu elementenhaft vor und zeuge von einer theorielosen, mechanistischen Betrachtungsweise. Diese Kritik ist teilweise berechtigt, aber eben nur teilweise. Zum einen übersieht sie, daß Lasswell selbst bereits 1948 betonte, man dürfte über diesen "Elementen" nicht den sozialen Kommunikationsprozeß als Ganzes vergessen. Und zum anderen

---

[62] H. D. Lasswell: The structure and function of communication in society, S. 38

wird hier übersehen, daß das Verständnis von Ganzheiten nur möglich ist, wenn man – im ursprünglichen Sinne des Wortes "Analyse" – auch die Teile sieht, allerdings immer mitsamt ihren Zusammenhängen im Ganzen. Es wäre also verfehlt, die Unterscheidung von Teilen von vornherein mit dem Begriff "elementenhaft" abzuwerten. Richtig an dieser Kritik mag soviel sein, daß Lasswell die Zusammenhänge der Faktoren im einzelnen nicht hinreichend herausgearbeitet hat. Das blieb späteren Modellen vorbehalten.

Einige Modelle der Massenkommunikation unterscheiden – abweichend von der Lasswell-Formel – nicht fünf, sondern nur vier Faktoren, und zwar aufgrund der Überlegung, daß die Wirkungen nicht als ein eigenständiger Faktor zu verstehen sind, sondern einen Teilaspekt des Faktors "Rezipient" darstellen; Wirkungen vollziehen sich auf der Rezipientenseite.

An Modellen mangelt es in der Kommunikationswissenschaft nicht. Doch scheint die Modellbildung dieser Disziplin ihren Höhepunkt überschritten zu haben. Die vorliegenden Modelle werden benutzt, aber nur wenige neue sind in den letzten Jahren hinzugekommen. Das kann ein Anzeichen dafür sein, daß kein weiterer Bedarf besteht; man kann diese Tatsache aber auch als Indiz für eine gewisse Müdigkeit interpretieren. "Daß seit einigen Jahren auch kaum mehr neue Modelle als Ordnungshilfen der Disziplin entworfen worden sind, verrät sogar so etwas wie Resignation in bezug auf die Systematisierungsproblematik."[63]

*

---

[63] U. Saxer: a.a.O., S. 526

Einige Beispiele mögen verdeutlichen, wie kommunikationswissenschaftliche Modelle beschaffen sein können.[64]

Viel beachtet wurde seinerzeit (1957) ein Modell von Westley und McLean:

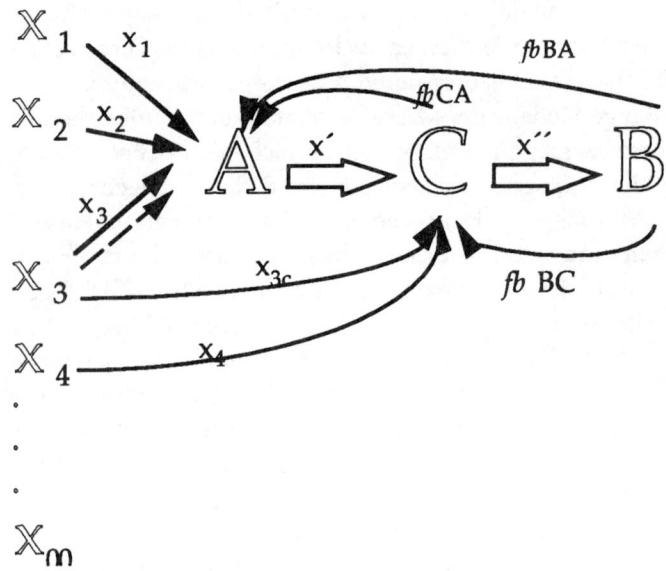

Abbildung 1: (Quelle: Hans-Bredow-Institut: Internationales Handbuch für Rundfunk und Fernsehen 1984/85, S. A 19.)

---

[64] Weitgehend nach G. Maletzke: Massenkommunikationstheorien, S. 56ff. Dazu insbesondere auch D. McQuail und S. Windahl: Communication models

"Dieses Modell enthält folgende prinzipiellen Elemente:

- ein Universum möglicher Ereignisse (Objekte oder Sachverhalte), die in der Abbildung als X_1.....X aufgeführt sind; die in die transportierbare, übermittelbare Form einer Botschaft überführten Ereignisse werden durch X' bzw. X" symbolisiert;

- eine Person oder Personengruppe, die – üblicherweise als Kommunikator bezeichnet – damit beschäftigt ist, aus einem Universum von Ereignissen einige absichtsvoll auszuwählen und diese – in Form von Botschaften – zu übermitteln; diese Personen oder Gruppen haben nach Westley/McLean sogenannte 'Anwaltschafts-Rollen' (Advocacy Roles) inne, da sie interessenbezogen und absichtsvoll Ereignisse selegieren und Botschaften übermitteln; im Schema der Abbildung werden diese Rollen durch A symbolisiert;

- eine Person oder Personengruppe, die – gewöhnlich als Rezipienten oder Publikum gefaßt – Kommunikation benötigt und benutzt, um sich über die Bedingungen ihrer Umwelt – in der sie ihre Bedürfnisse befriedigen und ihre Probleme lösen will – zu informieren; dieses Element wird mit B (für Behavioral System Roles) bezeichnet.

- Zwischen den bereits beschriebenen Elementen A und B stehend, sieht das Modell noch Kanal-Rollen (Channel Roles) vor; damit sind Personen oder Personengruppen gemeint, die – häufig mit den absichtsvollen Kommunikatoren verwechselt – als Agenten des Publikums fungieren, indem sie – ohne dabei eigene Interessen und bestimmte Absichten zu verfolgen – solche Informationen auswählen und übermitteln, die das Publikum benötigt.

Über diese Elemente hinaus kennt das Modell von West-
ley/McLean noch Kommunikations-Kanäle (nämlich die
Mittel, mit deren Hilfe Botschaften über Ereignisse von A
und/oder C an B übermittelt werden), den Vorgang der En-
kodierung (der Prozeß der Transformation, in dessen Verlauf
von A und C ausgeführt, 'Ereignisse' 'Botschaften' werden),
den umgekehrten Vorgang der Dekodierung (der bei B statt-
findende Prozeß, der zur Kenntnisnahme von 'Botschaften'
bzw. 'Ereignissen' führt) und letztlich die Rückkoppelung
(das Feedback, durch das A und C über die Wirkung einer
Botschaft auf B informiert werden)."[65]

Ein relativ einfaches Schema präsentiert Schramm
(1954)[66], der dabei zwar nicht das Medium als eigenen Faktor ausgliedert, aber sowohl das Feedback hervorhebt als
auch mit dem "Input from news sources" die Offenheit des
Systems andeutet.

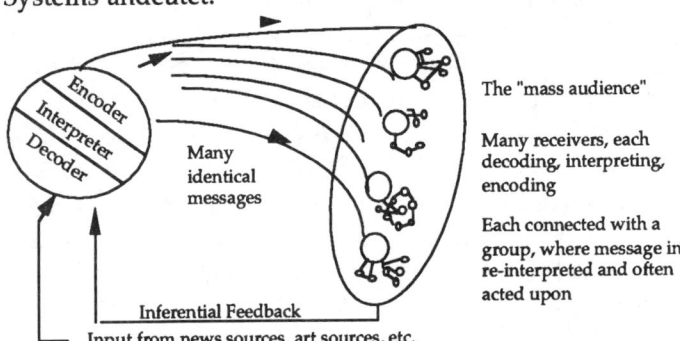

Abbildung 2: (Quelle: W. Schramm: How communication works, S. 21)

---

[65] Nach K. Renckstorf: Massenmedien, Gesellschaft und Massenkommunikationsforschung, S. A22f
[66] W. Schramm: How communication works, S. 21

Ein Modell von Gerbner (1956)[67] ist dadurch gekennzeichnet, daß hier das "Ereignis" betont wird, über das der Kommunikator berichtet. Damit wird allerdings der Geltungsbereich eingeengt auf die Ereignisvermittlung, und es bleibt die Tatsache außer acht, daß Kommunikation auch die Funktion der Reflexion und Kritik sowie des Ausdrucks und der Aufforderung haben kann. Nicht berücksichtigt wird hier ferner der Gegenseitigkeitscharakter, also das Feedback.

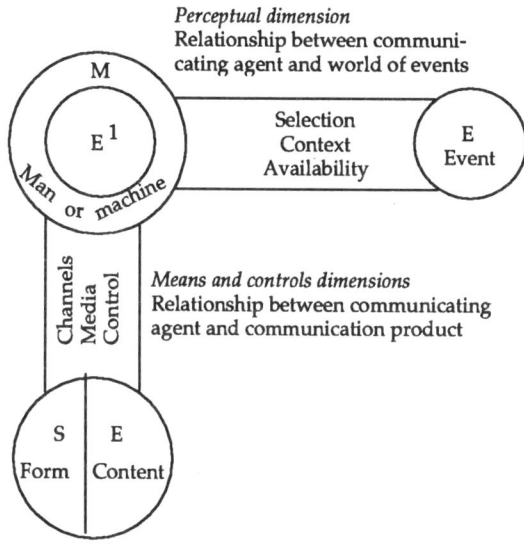

Abbildung 3: (Quelle: D. McQuail and S. Windahl: Communication models, S. 19.)

---

[67] G. Gerbner: Toward a general model of communication

Riley und Riley legten 1959 ein Modell vor, das vor allem die soziologischen Gruppen- und Systemzusammenhänge unterstreicht.[68] Die Autoren benutzen dieses Modell dann auch als heuristisches Suchschema, indem sie daraus eine Reihe von Forschungsfragen ableiten.

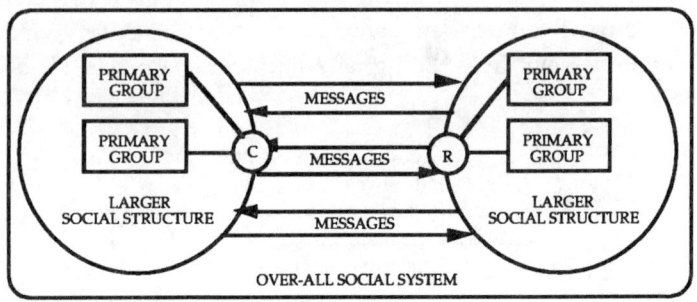

Abbildung 4: (Quelle: J.W. Riley und M.W. Riley: Mass communication and the social system, S. 577)

Ein anderes Modell wurde vom Verfasser 1963 entworfen.[69] Das Schema versucht, folgende Sachverhalte darzustellen: Der Kommunikator (K) produziert die Aussage (A) durch Stoffwahl und Gestaltung. Seine Arbeit wird mitbestimmt durch seine Persönlichkeit, seine allgemeinen sozialen Beziehungen, durch Einflüsse aus der Öffentlichkeit und durch die Tatsache, daß der Kommunikator meist in einem Produktionsteam arbeitet, das wiederum einer Institution eingefügt ist. Außerdem muß der Kommunikator die Erfor-

---

[68] J. W. Riley und M. W. Riley: Mass communication and the social system, S. 577
[69] G. Maletzke: Psychologie der Massenkommunikation, S. 37ff

dernisse seines Mediums kennen und berücksichtigen, und schließlich formt er sich von seinem Publikum ein Bild, das seine Arbeit und damit die Aussage und damit endlich auch die Wirkungen wesentlich mitbestimmt. Die Aussage (A) wird durch das Medium(M) zum Rezipienten geleitet. Sie muß dabei den technischen und dramaturgischen Besonderheiten des jeweiligen Mediums angepaßt werden. Der Rezipient (R) wählt aus dem Angebot bestimmte Aussagen aus und rezipiert sie. Der Akt des Auswählens, das Erleben der Aussage und die daraus resultierenden Wirkungen hängen ab von der Persönlichkeit des Rezipienten, von seinen sozialen Beziehungen, von den wahrnehmungs- und verhaltenspsychologischen Eigenarten des Mediums auf der Empfängerseite, von dem Bild, das sich der Rezipient von der Kommunikatorseite formt und von dem mehr oder weniger klaren Bewußtsein, Glied eines dispersen Publikums zu sein. Schließlich deutet der obere Pfeil im Schema an, daß trotz der Einseitigkeit der Massenkommunikation ein Feedback zustandekommt (Abbildung 5).

De Fleur entwarf 1966 ein recht umfassendes Modell, das freilich stark auf die spezifische Situation in den USA zugeschnitten ist (Abbildung 6):[70]

---

[70]   M. DeFleur: Theories of mass communication, S. 152

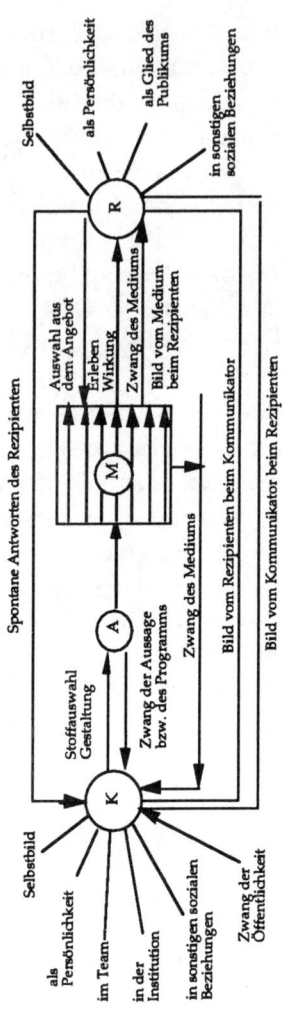

Abbildung 5: (Quelle: G. Maletzke: Psychologie der Massenkommunikation, S. 41)

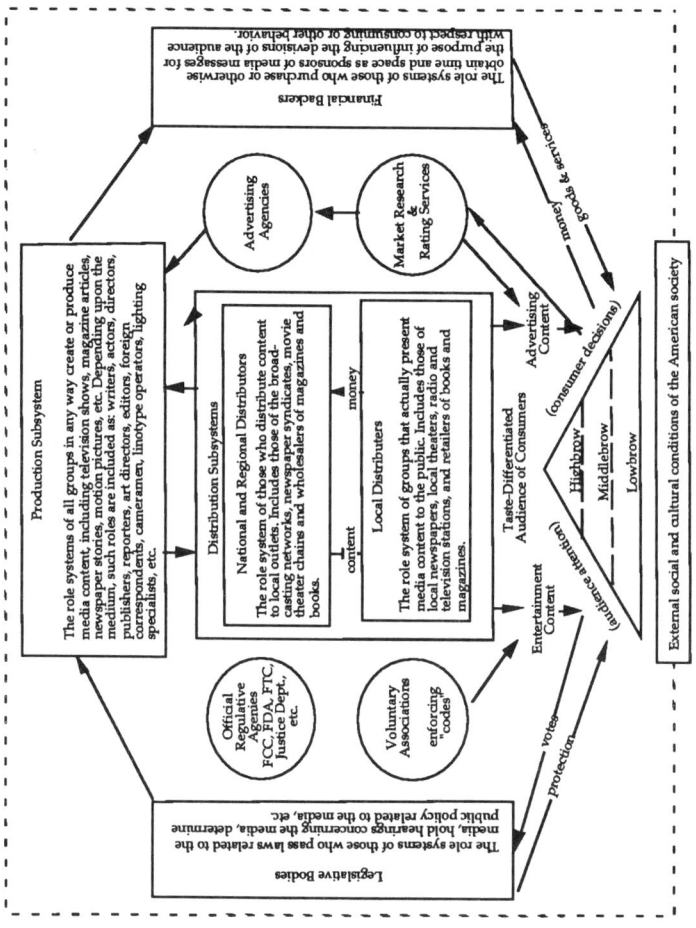

The following text labels appear within the figure:

Financial Backers
The role systems of those who purchase or otherwise obtain time and space as sponsors of media messages for the purpose of influencing the devision of the audience with respect to consuming or other behavior.

Production Subsystem
The role systems of all groups in any way create or produce media content, including television shows, magazine articles, newspaper stories, motion pictures, etc. Depending upon the medium, such roles are included as: writers, actors, directors, publishers, reporters, art directors, editors, foreign correspondents, cameramen, linotype operators, lighting specialists, etc.

Advertising Agencies

Market Research & Rating Services

Distribution Subsystems

National and Regional Distributors
The role system of those who distribute content to local outlets. Includes those of the broadcasting networks, newspaper syndicates, movie theater chains and wholesalers of magazines and books.

Local Distributers
The role system of groups that actually present media content to the public. Includes those of local newspapers, local theaters, radio and television stations, and retailers of books and magazines.

money
content

Advertising Content

Entertainment Content

Taste-Differentiated Audience of Consumers
Highbrow
Middlebrow
Lowbrow

(consumer decisions)
(audience attention)

money & services
goods & services

External social and cultural conditions of the American society

Official Regulative Agencies FCC, FDA, FTC, Justice Dept., etc.

Voluntary Associations enforcing codes

votes
protection

Legislative Bodies
The role systems of those who pass laws related to the media, hold hearings concerning the media, determine public policy related to the media, etc.

Abbildung 6: (Quelle: Melvin L. DeFleur: Theories of mass communication, S. 152)

67

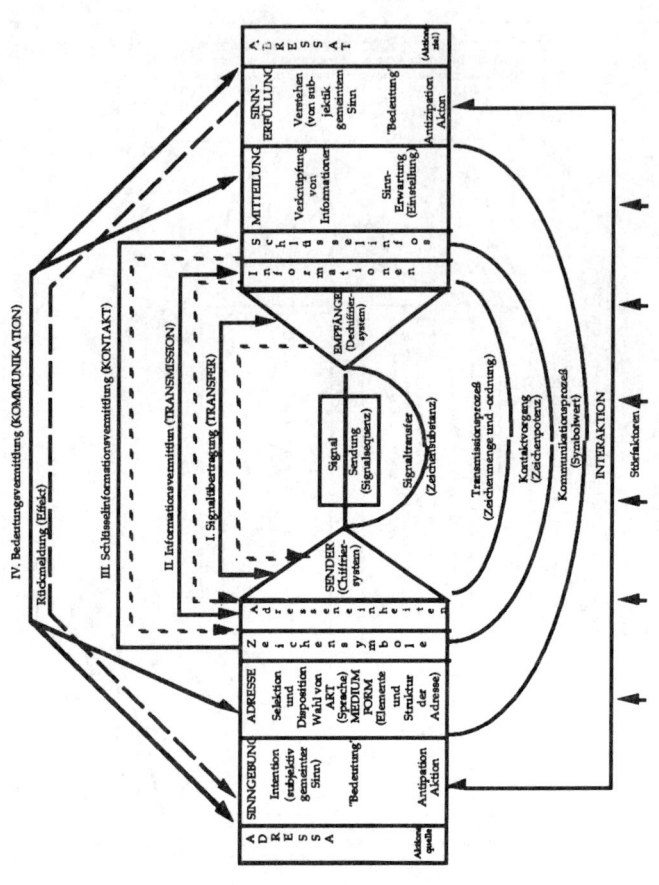

Abbildung 7: (Quelle: H. Reimann: Kommunikationsprozesse, S. 88.)

68

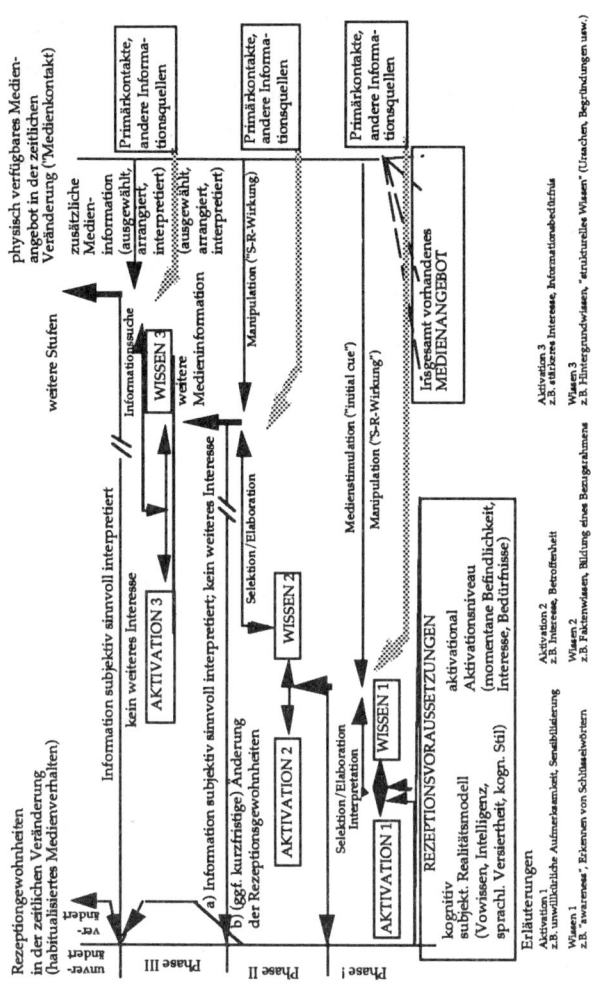

Abbildung 8: (Quelle: W. Früh und K. Schönbach: Der dynamisch-transaktionale Ansatz, S. 82.)

Ebenfalls sehr umfassend und detailliert stellt Reimann die Kommunikationsprozesse in einem Modell dar, das weitgehend auf Systemvorstellungen aufbaut:[71] (Abbildung 7)

Ein bemerkenswertes Modell (1982) gibt die Vorstellungen des dynamisch-transaktionalen Ansatzes wieder (Abbildung 8) [72]

Abschließend sei noch ein Modell von Hund angeführt (1980), das der kritisch-materialistischen Richtung der Kommunikationswissenschaft zuzuordnen ist:[73]

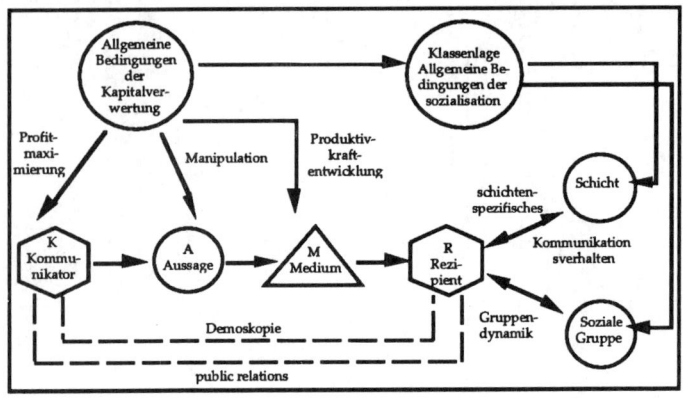

Abbildung 9: (Quelle: W. D. Hund und B. Kirchhoff-Hund: Soziologie der Kommunikation, S. 251.)

---

[71] H. Reimann: Kommunikationssysteme, S. 88
[72] W. Früh und K. Schönbach: Der dynamisch-transaktionale Ansatz, S. 82
[73] W. D. Hund und B. Kirchhoff-Hund: Soziologie der Kommunikation, S. 251

Dieses Modell "geht von der ökonomischen Formbestimmtheit des gesellschaftlichen Lebens in entwickelten (bürgerlichen) Industriegesellschaften aus. Der materialistische Standpunkt rückt den Umstand in den Vordergrund, daß auch die Massenkommunikation in derartigen Gesellschaften den Bedingungen kapitalverwertend betriebener Warenproduktion unterliegt. ... Insgesamt bringt also das Modell von Hund die Verflochtenheit der Massenkommunikationsprozesse mit den sozioökonomischen Bedingungen in einer kapitalistisch organisierten Gesellschaft zum Ausdruck. Es legt eine materialistisch orientierte Analyse des Massenkommunikationsprozesses nahe, die davon auszugehen hat, daß der Kommunikator als Nachrichtenproduktionsbetrieb seine Produktionsmittel ... vorrangig zum Zweck der Kapitalverwertung einsetzt."[74]

4.3   Modelle als Ordnungshilfen

Eine zentrale Aufgabe von Modellen der Massenkommunikation besteht darin, den einzelnen Aspekten und Forschungsthemen ihren Standort und Stellenwert im Rahmen eines Systems zuzuweisen. Die Fixpunkte stellen dabei die vier "Faktoren" der Massenkommunikation dar: Kommunikator, Aussage, Medium, Rezipient. Viele Themen sind direkt einem dieser Faktoren zuzuordnen; weit mehr noch finden ihren Standort erst dadurch, daß man die Relationen zwischen den Faktoren in die Betrachtung mit einbezieht. Das kann zwar hier nicht im einzelnen durchgeführt wer-

---

[74]   R. Burkart: Kommunikationswissenschaft, S. 251ff

den, doch soll an einer Reihe von Beispielen verdeutlicht werden, was mit dieser "Verortung" von Einzelthemen, also mit Modellen als Ordnungshilfen gemeint ist.

Kombiniert man die vier Faktoren miteinander, so ergeben sich sechs Relationen, nämlich

- Kommunikator und Aussage
- Kommunikator und Medium
- Kommunikator und Rezipient
- Aussage und Medium
- Rezipient und Aussage
- Rezipient und Medium.

Dazu jeweils einige Hinweise.

Kommunikator und Aussage
Der Kommunikator (besser: die Kommunikatorseite) selektiert, gestaltet und verbreitet Medienaussagen. Auf der Relation Kommunikator-Aussage sind zahlreiche Einzelthemen der Kommunikationsforschung zu verorten. Als Beispiele seien genannt: die Intentionen der Kommunikatoren, also die Ziele, die sie mit ihren Aussagen und Programmen erreichen wollen; die Kriterien, die sie der Selektion des Stoffes wie auch der Gestaltung der Aussagen zugrunde legen; der "Zwang", den eine publizierte Aussage auf den Kommunikator ausübt, nämlich dadurch, daß er mit der Veröffentlichung die Kontrolle über seine Aussage verliert, so daß diese nun auf ihn selber zurückwirken kann, er wird "beim Wort genommen".

Kommunikator und Medium
Von der Vieldeutigkeit des Begriffes "Medium" war bereits (im Abschnitt 3.2.6) die Rede. Versteht man darunter – wie dies in der Kommunikationswissenschaft häufig geschieht – ein technisches Verbreitungsmittel, dann steht der Kommunikator unter einen "Zwang des Mediums": Jedes Medium hat seine Eigenarten, seine ihm eigenen Möglichkeiten und Grenzen, und diese üben auf den Kommunikator einen "Zwang" aus dergestalt, daß er sowohl bei der Auswahl des Stoffes als auch insbesondere bei der Gestaltung der Aussagen die Gegebenheiten seines Mediums kennen und berücksichtigen muß.

Kommunikator und Rezipient
Auch diese Relation kann als Ordnungshilfe beim Systematisieren von Themen und Problemen der Kommunikationswissenschaft dienen. Ausgangspunkt ist dabei die Tatsache, daß sich Massenkommunikation immer indirekt und einseitig vollzieht, daß also Kommunikator und Rezipient voneinander getrennt und nur durch ein einseitig vermittelndes technisches Medium miteinander verbunden sind. Die Kommunikation verläuft also zunächst immer nur in einer Richtung: vom Kommunikator zum Rezipienten. Diese technisch bedingte Einseitigkeit schließt jedoch wechselseitige Beziehungen zwischen beiden Seiten keineswegs aus. Hier müssen wir also zwei Blickrichtungen ansetzen: einmal vom Kommunikator zum Rezipienten und zum anderen vom Rezipienten zum Kommunikator.

Bei der Blickrichtung vom Kommunikator zum Rezipienten stellen sich vornehmlich zwei Fragen: Mit welchem Bild von ihren Rezipienten arbeiten die Kommunikatoren?

Und: Mit welchen Mitteln können sich die Kommunikatoren über ihre Rezipienten, über ihre Publika informieren?

Über die Bilder, die Vorstellungen der Kommunikatoren von ihren Rezipienten hat die Kommunikatorforschung bereits einiges an Ergebnissen vorzuweisen. Allerdings stimmen die Resultate dieser empirischen Studien bislang noch nicht so recht überein. Einerseits ist da von einer Geringschätzung des Publikums die Rede[75], andererseits lesen wir: "Pauschale Aussagen über die soziale Distanz und über das angeblich negative Rezipientenbild der Journalisten lassen sich nicht mehr aufrechterhalten."[76] Dann wiederum heißt es: "Es ist sehr wahrscheinlich, daß die Journalisten ein der eigenen Mittelschichtherkunft entsprechendes Publikumsbild besitzen."[77] Und schließlich legt eine Untersuchung "die Einschätzung nahe, daß die Kommunikatoren offenbar gar kein großes Interesse besitzen, mehr über ihr Publikum zu erfahren."[78]

Die zweite Frage lautet: Wie können sich die Kommunikatoren über ihre Rezipienten informieren, also über Publika, von denen sie unter den Bedingungen der Massenkommunikation zunächst nur sehr wenig wissen? Derartige Informationen erhalten sie auf zwei Wegen, die wir "spontanes Feedback" und "systematisches Feedback" nennen.

Spontanes Feedback kommt dadurch zustande, daß Rezipienten von sich aus schreiben oder anrufen. Sie kritisieren, loben, kommentieren oder schlagen vor. Mehrere Untersuchungen bestätigen, was ohnehin anzunehmen ist: Derartige

---

[75] S. Weischenberg: Journalismus als soziales System, S. 442
[76] S. Weischenberg: Journalistik, Band 2, S. 258
[77] M. Kunczik: Journalismus als Beruf, S. 154
[78] S. Weischenberg: Journalistik, Band 2, S. 254

Rückmeldungen entbehren jeglicher Repräsentativität; die Selbstselektion bringt bestimmte Verzerrungen in den soziodemographischen und psychologischen Strukturen im Vergleich zum Gesamtpublikum mit sich.

Ein weiterer Weg, um etwas über die Rezipienten zu erfahren, ist das "systematische Feedback", bei dem die planmäßige, auf wissenschaftlicher Grundlage arbeitende Publikumsforschung jene Informationen liefert, welche die Kommunikatoren brauchen.

In der Gegenrichtung vom Rezipienten zum Kommunikator hin bildet den Ausgangspunkt wiederum die für die Massenkommunikation charakteristische einseitig-technische Vermittlung, und das heißt, auch beim Rezipienten müssen wir von einem Mangel an Informationen ausgehen. Von wenigen Ausnahmen abgesehen kennt der Rezipient die Kommunikatoren nicht persönlich. Nur ein kleiner Teil der Kommunikatoren begegnet ihm in den Medienaussagen, wobei jedes Medium nur bestimmte, technisch bedingte Ausschnitte liefert. Eine beachtliche Zahl von Kommunikatoren, die an der Aussage mitwirken, bleibt hinter den Kulissen. Aber auch die sichtbaren und/oder namentlich genannten sind für Rezipienten eigentlich Fremde, mit denen er keinen persönlichen wechselseitigen Kontakt hat. Um so bemerkenswerter ist die Tatsache, daß viele Rezipienten trotz aller restriktiven Bedingungen der Massenkommunikation zu Kommunikatoren bestimmte Beziehungen aufbauen. In "parasozialen Interaktionen" erleben die Rezipienten die mediale Kommunikation so, als hätten sie persönliche Kontakte mit den Medienakteuren. Sie schreiben ihnen Briefe, rufen an, schicken Geschenke und nehmen Anteil an ihrem Ergehen.

Allerdings sind diesen Interaktionen Grenzen gesetzt: Die Psychologie kennt das Konzept vom "Bezugsrahmen" oder "Mitgewußten": Der Rezipient ist sich bei aller Realitätswirkung einer Aussage ständig der Tatsache bewußt, daß die Vorgänge vermittelt sind. Er weiß und ist im Unter- oder Mitbewußtsein darauf eingestellt, daß er vom realen Geschehen durch eine räumliche oder zeitliche oder raumzeitliche Distanz getrennt ist, und er weiß auch, daß der Kommunikator ihn nicht sieht und nicht kennt, daß dieser ihn nicht persönlich-direkt anspricht und daß eine große Zahl von anderen, ihm unbekannten Rezipienten dieselbe Aussage empfängt und sich in der gleichen Erlebenslage befindet wie er selbst.

Bei näherer Betrachtung erweisen sich die parasozialen Beziehungen als vielschichtig und vielgestaltig. Als Phänomene, die hier einzuordnen wären, sind beispielsweise zu nennen: Identifikation und Empathie; Images im Sinne von Persönlichkeitsbildern; Prestige und Glaubwürdigkeit der Kommunikatoren.

Aussage und Medium
Diese Relation bekommt kommunikationswissenschaftliche Relevanz eigentlich erst, wenn man die Faktoren "Kommunikator" und "Rezipient" mit einbezieht: Der Kommunikator steht, wie wir gesehen haben, bei der Stoffauswahl wie auch bei der Gestaltung von Aussagen unter dem "Zwang des Mediums"; und auf der Rezipientenseite hängen Erleben und Wirkungen der Aussagen u.a. von den Eigenarten des jeweiligen Mediums ab.

Rezipient und Aussage

Die Beziehungen zwischen Rezipienten und Medienaussagen sind vielfältig und komplex. In dieser Relation finden zahlreiche Forschungsfragen ihren systematischen Standort. Immer vor dem Hintergrund des Konzepts vom aktiven Rezipienten sind hier u.a. folgende Themenkreise einzuordnen:

- Selektion aus dem verfügbaren Angebot mitsamt den Erwartungen, Bedürfnissen und Interessen der Rezipienten
- Funktionen der Aussagen für die Rezipienten im Hinblick auf deren Bedürfnisse und Interessen
- Wahrnehmen der Aussage, verstanden als selektive, projektive, sinn- und gestaltgebende Aktivität der Rezipienten
- Aufmerksamkeit und Aufmerksamkeitsverläufe
- Verstehen der Aussage im Zusammenhang mit deren Verstehbarkeit
- Interpretation der Aussage im Sinne einer aktiven Bedeutungszuweisung
- Vorstellungen und Phantasien beim Erleben der Aussage und danach
- Psychische Distanz zur Aussage (Involvement)
- Emotionen während des Erlebens der Aussage und danach
- Erinnern und Behalten
- Wirkungen von Medienaussagen.

Rezipient und Medium

In der Massenkommunikation werden Aussagen immer indirekt und einseitig durch technische Verbreitungsmittel, durch Medien vermittelt. Bei den Beziehungen zwischen

Rezipienten und Medien geht es vor allem um die Eigenarten der verschiedenen Medien und ihre Folgen für Selektion, Erleben und Wirkungen. Als Medienmerkmale sind folgende Kategorien anzusetzen:

a) Wahrnehmung
   nur optisch
   nur akustisch
   optisch-akustisch

b) Verhaltensfreiheit oder -bindung
   Freiheit bei nur akustischen Medien
   Bindung durch die optische Komponente

c) Freiheit oder Bindung in der Zeit
   zeitliche Freiheit des Rezipienten
   Zeit vom Kommunikator oder Veranstalter festgesetzt

d) Räumliche Situation
   unabhängig von einer bestimmten Umgebung
   gewohnte häusliche Umgebung
   "Veranstaltung" in besonderer Umgebung

e) Soziale Situation
   als Einzelner
   in der Intimgruppe
   als Präsenzpublikum

f) "Konserve" oder "Live"
   zeitliche Distanz zwischen Ereignis und Erleben
   Gleichzeitigkeit

Fassen wir nun jedes Medium als die Merkmalskombination aller Stellen auf, die das Medium in den sechs Kategorien einnimmt, so ergeben sich daraus die charakteristischen Eigenarten eines jeden Mediums:

Gedrucktes Wort

Die Aussage wird optisch vermittelt. Der Rezipient ist in seinem Verhalten gebunden, dagegen zeitlich frei. Er ist unabhängig von einer bestimmten Umgebung.

Tonträger

Die Aussage wird nur akustisch geboten. Der Rezipient ist sowohl im Verhalten als auch in der Zeit und schließlich auch in der Wahl der räumlichen Umgebung frei. Tonträger pflegt man als Einzelner oder in der Intimgruppe zu hören, während das Hören im Präsenzpublikum verhältnismäßig selten vorkommt. Tonträger sind immer Konserve.

Film

Die Aussage wird entweder nur optisch (Stummfilm) oder optisch-akustisch (Tonfilm) vermittelt. Sowohl im Verhalten als auch in der Zeit als auch in der Wahl der räumlichen Situation ist der Rezipient gebunden. In der Regel wird die Aussage innerhalb eines Präsenzpublikums erlebt. Film ist immer Konserve.

Hörfunk

Die Aussage wird nur akustisch übertragen. Der Rezipient kann sich frei bewegen und anderen Tätigkeiten nachgehen, ist jedoch an den Sendetermin gebunden. Im allgemeinen geschieht das Radiohören in der häuslichen Umgebung in der

Intimgruppe oder auch einzeln. Der Hörfunk bietet sowohl Konserve als auch Live-Sendungen.

Fernsehen
Die Aussage wird optisch-akustisch vermittelt. Im Verhalten und in der Zeit ist der Rezipient gebunden. Das Zuschauen vollzieht sich meist im Heim in der Intimgruppe oder einzeln. Das Fernsehen kann Konserve oder Live-Sendungen bieten.

Wenn die Medien hier als Merkmalskombinationen dargestellt wurden, dann keinesfalls im Sinne einer summenhaften Zusammenfügung von „Stellenelementen", sondern im Sinne einer hochintegrierten Struktur. Jedes Medium ist als Kombination von Merkmalen etwas Neues und Eigenes, es ist anders und mehr als die Summe seiner „Stellen". So steht ja auch in der Realität jedes Medium zunächst und ursprünglich dem unbefangenen Menschen als ein eigenes, besonderes und einmaliges Phänomen gegenüber, aus dem wir erst nachträglich analytisch die einzelnen Kategorien und Stellen herauspräpariert haben, Momente also, die ihre eigentliche Bedeutung und Position erst im gesamten Strukturzusammenhang erhalten.

5. Medienwirkungen und Medienwirkungs-
forschung

Medienwirkungen stellen einen wichtigen und weitläufigen
Teilbereich der Lehre von der Massenkommunikation dar.
Die Literatur zu diesem Themenkreis ist kaum noch überschaubar. Über Medienwirkungen und Medienwirkungsforschung liegen mehrere sehr gute Gesamtdarstellungen vor[79].
Wir können uns daher hier auf einige Hinweise und Anmerkungen beschränken, bei denen unklare und strittige Aspekte
sowie wenig beachtete oder gar vernachlässigte Fragen im
Mittelpunkt stehen.

Zum systematischen Standort dieses Themenkreises ist
kurz zu vermerken: Während Lasswell in seiner "Formel"
die Wirkungen als einen eigenen Faktor nennt, ordnet man
sie heute dem Faktor "Rezipient" zu, denn Wirkungen vollziehen sich auf der Rezipientenseite. Wegen ihres Umfangs
und ihrer Bedeutung hat sich jedoch die Lehre von den Medienwirkungen und die Medienwirkungsforschung fast schon
zu einer eigenständigen Disziplin entwickelt. Viele Wir-
kungsfragen werden auch von den Nachbarwissenschaften
Soziologie und Psychologie ("Medienpsychologie") behandelt.

---

[79] So z.B. M. Schenk: Medienwirkungsforschung

5.1.   Zum Begriff "Wirkungen"

Eine in der Kommunikationswissenschaft allgemein akzeptierte Definition von (Medien-)"Wirkungen" gibt es nicht. In einer schon etwas angejahrten, des öfteren benutzten Fassung bezeichnet man als Wirkungen alle Veränderungen (und manchmal auch Nicht-Veränderungen) bei Individuen und in der Gesellschaft, die durch Aussagen der Massenkommunikation oder durch die Existenz von Massenmedien entstehen. Damit ist gesagt: Wirkungen können auf zwei Arten zustande kommen: zum einen durch den Inhalt von Aussagen, die der Rezipient aufnimmt; zum anderen dadurch, daß es die Medien gibt und daß sie genutzt werden, daß also die Medien einen beträchtlichen Teil der Freizeit in Anspruch nehmen und damit die Struktur des täglichen Lebens der Menschen in hohem Maß mitbestimmen.

Man kann "Wirkungen" aber auch wissenschaftlich anspruchsvoller definieren; hier ein Beispiel: "Medienwirkungen sind intersubjektiv feststellbare Eigenschaften bzw. Veränderungen individuellen Verhaltens, sozialer Systeme und sozialer Prozesse, die unter Berücksichtigung des gesellschaftlichen Kontextes durch die Inhalte, die Formen und die Organisation der Medien erklärt werden können."[80]

Einige Wissenschaftler vertreten jedoch die Ansicht, der Begriff "Wirkungen" sei als kommunikationswissenschaftlicher Fachterminus wenig brauchbar. Dieses Wort – so argumentieren sie – legt die Vorstellung von einfachen Kausalzusammenhängen nahe und wird damit den komplexen

---

[80]   K. Lüscher: Medienwirkungen und Gesellschaftsentwicklung, S. 545

Verhältnissen in der Massenkommunikation nicht gerecht. Insofern ist es verständlich und folgerichtig, wenn einige Forscher, die besonders nachdrücklich dem simplen Kausaldenken in der Kommunikationsforschung entgegentreten, den Wirkungsbegriff (und damit natürlich auch das Wort "Wirkungsforschung") aus dem wissenschaftlichen Vokabular streichen wollen. Diese Forderung ist durchaus plausibel. Trotzdem plädieren wir dafür, am Begriff "Wirkungen" festzuhalten. Unter dem Aspekt der Zweckmäßigkeit stellt sich die Frage, wie man denn das Gemeinte anders bezeichnen wollte. Vorschläge wie "Folgen" oder "Auswirkungen" führen kaum weiter. Außerdem ist zu bedenken: Das Wort "Wirkungen" ("Medienwirkungen") ist heute gängige Münze, auch in Laienkreisen. Man würde eine Sprachverwirrung riskieren, wollte man hier plötzlich eine neue Sprachregelung einführen. Nicht ohne zwingende Gründe sollten sich die Wissenschaften von jenen Begriffen trennen, mit denen sie sich auch über ihre Fachgrenzen hinaus verständlich machen können. Wörter der Umgangssprache können durchaus als Fachbegriffe dienen, vorausgesetzt, die Wissenschaftler definieren sie hinreichend exakt und machen ihren Gesprächspartnern klar, was sie genau mit dem jeweiligen Begriff meinen. Wir plädieren dafür, auch weiterhin von Wirkungen der Massenkommunikation (oder von Medienwirkungen) und von Wirkungsforschung zu sprechen; man sollte aber immer klarstellen, daß es sich dabei nur selten um einfache, direkte Kausalergebnisse, sondern in der Regel um Resultate komplexer Interdependenzprozesse handelt.

5.2   Arten, Bereiche, Erscheinungsformen

Will man die Erscheinungsformen von Medienwirkungen systematisieren, so stellt man – wie so oft in der Wissenschaft
– fest, daß sich mehrere Gliederungsdimensionen anbieten.
Wirkungen lassen sich ordnen

- nach individuellen und gesellschaftlichen Formen oder
  Arten
- nach psychologischen Kategorien
- nach formalen Aspekten
- nach Sachbereichen oder Gegenstandsfeldern.

Dazu einige kurze Hinweise:

Individuelle und gesellschaftliche Wirkungen
Diese Unterscheidung besagt: Auf der einen Seite gibt es
Wirkungen, die beim Individuum zu beobachten sind, also
beispielsweise Veränderungen von Einstellungen, Verhaltensweisen, Emotionen; und auf der anderen Seite gibt es
Wirkungen von vornehmlich gesellschaftlicher Relevanz.
   Allzu einseitig hat sich die Wirkungsforschung bisher
am Individuum, am Einzelmenschen orientiert und darüber
die gesellschaftlichen Wirkungen vernachlässigt. Hier
liegt ein bedenkliches Defizit, ein Nachholbedarf vor.
   Zunächst einmal stellt sich die Frage, was denn unter
"gesellschaftlichen Wirkungen" zu verstehen ist. Eine ver-
bindliche Antwort gibt es derzeit nicht. Zwar läßt sich eine
ganze Reihe von Themenkreisen nennen, die ohne Zweifel
dieser Kategorie zuzuordnen sind, doch mangelt es bis jetzt
an einer Gesamtkonzeption, die eine systematische Ordnung

sichtbar machen würde. So ist in diesem Bereich nur eine lose Aneinanderreihung von Fragen, Problemen, Themenkreisen möglich. Hier stichwortartig einige Beispiele für das, was dem Problemfeld "gesellschaftliche Wirkungen" zuzuordnen ist:

- Die Rolle der Medien als Faktoren gesellschaftlicher Integration, also der Beitrag der Medien zum Zusammenhalt pluralistischer Gesellschaften
- Sozialisation durch Massenkommunikation: Die Rolle der Medien beim Hineinwachsen der jungen Menschen in die Gesellschaft
- Der Einfluß des Fernsehens auf das Familienleben
- Der Einfluß der Medien auf die Freizeitstruktur (in der Gesamtgesellschaft)
- Die gesellschaftlichen Auswirkungen der Medien als Mittler von Information, Bildung, Unterhaltung, Werbung
- Politische Aktivierung und politische Apathie als Auswirkungen der Massenkommunikation
- Gesellschaftliche Auswirkungen von Gewaltdarstellungen im Fernsehen
- Die Agenda-Setting-Funktion der Medien (Themenstrukturierung).
  In einer anderen Sichtweise versteht Schenk als gesellschaftliche Wirkungen der Massenkommunikation: die Wissenskluft, die Schweigespirale und die "Kultivierung" durch das Fernsehen bei Vielsehern (Gerbner).[81]

---

[81]   M. Schenk: a.a.O., S. 305ff

Wirkungsarten nach psychologischen Bereichen

Wirkungen lassen sich ferner danach gliedern, in welchen Bereichen des Psychischen sie stattfinden. Dabei geht man aus vom Menschen als Nutzer der Massenmedien, als Rezipient. Vier Hauptbereiche lassen sich unterscheiden, in denen Wirkungen im Sinne von Veränderungen bei Individuen auftreten können:

- Wissen
- Einstellungen
- Verhalten
- Emotionen.

Wissen

Durch Massenkommunikation kann der Mensch sein Wissen erweitern, er kann Daten, Fakten, Informationen aufnehmen, ihm werden Zusammenhänge verständlich gemacht, kurz: der Mensch kann durch die Medien lernen. Damit stellt sich der Forschung die Aufgabe zu untersuchen, was der Rezipient unter welchen Bedingungen lernt. Diese Bedingungen sind zahlreich und komplex, und sie sind bisher nur teilweise erforscht.

Einstellungen

Unter "Einstellungen" – oft auch als "Meinungen und Attitüden" bezeichnet – versteht man Stellungnahmen der Menschen zu Dingen, Personen, Gruppen, Zuständen, Vorgängen. Dabei sind Meinungen mehr äußerlicher, oberflächlicher und leichter beeinflußbarer Art, während Attitüden als tiefer in der Persönlichkeit verankert zu denken sind. Attitüden sind stabiler, und sie sind stärker motivierend und handlungsbeeinflussend als Meinungen. Dabei ist allerdings zu bedenken: Diese Trennung ist mehr oder weniger ein begriffliches Kunstprodukt; die Übergänge zwischen diesen beiden theoretisch unterschiedenen Bereichen sind unklar und fließend

Verhalten

Auf zweierlei Weise kann Massenkommunikation das Verhalten beeinflussen: einmal durch die äußere Zuwendung zu den Medien mit dem entsprechenden Zeitaufwand, also in Form von Veränderungen im Freizeitverhalten; und zum anderen durch den Aussageinhalt, dann nämlich, wenn dieser Inhalt den Rezipienten zu bestimmten Verhaltensweisen veranlaßt.

Emotionen

Daß Emotionen durch Aussagen von Medien beeinflußt werden, ist eine Binsenweisheit. Jeder kennt die euphorisierenden wie die deprimierenden Wirkungen von Filmen, Büchern, Hörfunk- und Fernsehsendungen. Die ganze Palette dessen, was sich unter dem weitläufigen Sammelbegriff "Emotionen" verbirgt, kann hier ins Spiel kommen – Spannung, Ärger, Freude, Heiterkeit, Zorn, Empörung, Rührung, Sympathie und Antipathie und viele andere Gefühlstönungen. Wenn dieser gesamte Bereich bisher nur in Ansätzen erforscht ist, dann wohl deshalb, weil die szientistisch ausgerichtete Wirkungsforschung die Emotionen, die ja nur dem Individuum selbst introspektiv zugänglich und somit nicht von anderen direkt überprüfbar sind, weitgehend aus dem Feld ihrer Forschungsgegenstände verbannt hat.

Die Wirkungen in den unterscheidbaren Teilgebieten des Psychischen stehen nun freilich keineswegs unverbunden und voneinander unabhängig im Raum, sondern in vielen Fällen bringen Veränderungen im einen Bereich auch Wirkungen in anderen Bereichen mit sich. Wenn zum Beispiel die Einstellungen eines Menschen beeinflußt werden, so können sich damit auch sein Wissen, seine Antriebslage, seine emotionale Reaktionsbasis und sein Verhalten ändern. Die verschiedenen Arten von Wirkungen hängen also funktional voneinander ab. Außerdem gehen sie ohne klare Grenzen ineinander über; nicht selten begegnen dem Forscher Wirkungsphänomene, die er weder eindeutig der einen noch der anderen Kategorie oder ebensogut beiden zuordnen kann. Nur im Sinne von Schwerpunkten innerhalb einer Ganzheit, nicht aber als einander ausschließend dürfen wir also die verschiedenen Arten von Wirkungen ausgliedern.

Wirkungsarten nach formalen Kriterien
Aus der Vielzahl formaler Kriterien, nach denen sich Medienwirkungen ordnen lassen, greifen wir hier drei heraus, nämlich die Begriffspaare: beabsichtigt-unbeabsichtigt, einmalig-kumulativ, kurzfristig-langfristig. Diese Bezeichnungen bedürfen hier wohl kaum noch weiterer Erläuterungen. Doch ergeben sich aus dieser Unterscheidung wichtige Konsequenzen für die Wirkungsforschung: Während nämlich für die Untersuchung beabsichtigter, einmaliger und kurzfristiger Wirkungen recht brauchbare Forschungsmethoden zur Verfügung stehen, stößt das Erforschen von unbeabsichtigten, kumulativen und langfristigen Wirkungen auf schwierige, zum Teil noch ungelöste Methodenprobleme. Nun haben zweifellos beabsichtigte, einma-

lige und kurzfristige Wirkungen weniger Gewicht und Bedeutung als unbeabsichtigte, kumulative und langfristige. Zugespitzt bedeutet das: Die Medienwirkungsforschung verfügt über relativ gute Methoden für ihre weniger gewichtigen Aufgaben, jedoch unzulängliche Instrumente zur Bewältigung der besonders wichtigen Fragen. Daraus resultiert die Forderung, sich besonders um bessere Methoden zur Erforschung unbeabsichtigter, kumulativer und langfristiger Wirkungen zu bemühen.

Erscheinungsformen von Medienwirkungen
Waren die vorigen Dimensionen von Medienwirkungen auf einer abstrakten Ebene angesiedelt, so lassen sich in einem konkreteren Bereich zahlreiche Erscheinungsformen erkennen, die in ihrer Gesamtheit das Gegenstandsfeld der Medienwirkungsforschung darstellen. Es ist außerordentlich schwierig, diese Formen von Wirkungen befriedigend und plausibel zu systematisieren. Schwierig zum einen, weil hier vieles mit vielem so zusammenhängt, daß Trennungen und Abgrenzungen nur mehr oder weniger künstlich und beliebig möglich sind; schwierig aber auch, weil sich auch hier wieder verschiedene Gliederungspzinzipien anbieten. Angesichts dieser Sachlage verwundert es nicht, wenn verschiedene Forscher die Medienwirkungen auf je eigene Art und Weise kategorisieren. Einen Konsens gibt es hier nicht. Dabei sei noch einmal betont: Bei Entscheidungen im Rahmen von Systematisierungsversuchen gibt es kein "richtig" und kein "falsch", sondern nur mehr oder weniger plausible und zweckmäßige Lösungen.

Die folgende Übersicht mag als Beispiel dafür dienen, wie sich die wichtigsten Erscheinungsformen von Medienwirkungen ordnen lassen.

Wirkungen: Erscheinungsformen

1 Verhalten
  1.1 Alltagsverhalten, Freizeit
  1.2 Passivität (zum Beispiel als Folge des Fernsehens)
  1.3 Gewalt (Folgen von Gewaltdarstellungen)
  1.4 Panik (Beispiel: „Invasion from Mars",
      New York 1938)

2 Sozialisation (Medien als Sozialisationsfaktoren)

3 Integration (Medien als Integrationsfaktoren)

4 Sozialisation (Einflüsse der Medien)

5 Wissen –Bildung – Kultur
  5.1 Wissensvermittlung (Lernen) durch Medien
  5.2 Wissenskluft (Theorie der wachsenden Wissenskluft)
  5.3 Kulturkritik, Kulturverfall, Kulturimperialismus

6 Emotionen (Einflüsse der Medien)

7 Vorstellungen und Einstellungen (unter anderem Stereotype und Vorurteile)

8   Informationen, Aktuelles
  8.1 Meinungen, politische Einstellungen, Wahlent-
      scheidungen
  8.2 Schweigespirale: Theorie von E. Noelle-Neumann
      über politische Meinungsbildung
  8.3 Agenda Setting (Themenstrukturierung durch
      Medien)

9   Weltsicht (Einflüsse der Medien)

5.3   Stand und Probleme der Medienwirkungsforschung

Wollte man den Stand und die Probleme der Wirkungsforschung ausführlich darstellen, so käme ein stattliches Buch
zustande. Wir müssen uns hier damit begnügen, die wichtigsten Punkte kurz anzudeuten.

Die Medienwirkungsforschung hat es mit einem außerordentlich komplexen Forschungsgegenstand zu tun. Das wurde sichtbar, als man den "Variablenansatz" entwickelte,
der bislang als das dominierende Denkmuster, als das derzeitige Paradigma der Kommunikationswissenschaft gilt.
Innerhalb dieses Rahmens besteht die Forschung im wesentlichen darin, die unendliche Komplexität der Phänomene
auf Faktoren oder Variablen und deren funktionale Beziehungen zueinander zu reduzieren. Die Kommunikationsforschung bestand und besteht weitgehend in dem Bestreben,
immer neue Variablen zu "entdecken", ihren Stellenwert
innerhalb eines Modells zu bestimmen und ihre Einflüsse auf
den Kommunikationsprozeß und insbesondere auf die "Wirkungen" zu untersuchen. Dabei uferte jedoch im Laufe der

Zeit die Zahl der Variablen derart aus, daß ein Gesamtüberblick kaum noch möglich ist. Doch ist es nicht die Vielzahl alleine, die den Gegenstand so "komplex" macht.
Vielmehr kommt noch ein entscheidender Sachverhalt hinzu: Die Faktoren "wirken" nicht einzeln, isoliert, voneinander unabhängig, sondern die meisten von ihnen sind funktional miteinander verbunden, sie sind "interdependent",
sie hängen wechselseitig voneinander ab. Die Wirkungsforschung hat es somit nicht nur mit sehr vielen Faktoren zu
tun, sondern darüber hinaus mit einem außerordentlich
schwer durchschaubaren Interdependenzgeflecht. Eben dies
ist es, was man heute in der Wirkungsforschung meint, wenn
man von der "Komplexität des Forschungsgegenstandes"
spricht.

Bedenken wir nun, daß bisher nur ein Teil dieser Vri-
ablen näher bekannt ist und daß wir über die Regeln, nach
denen sie funktional zusammenhängen und nach denen die
Interdependenzprozesse verlaufen, noch recht wenig wissen,
dann verstehen wir, warum die Wirkungsforscher ständig
von den Schwierigkeiten reden, die in der Eigenart ihres
Gegenstandes begründet sind; und wir verstehen, warum sie
heute im allgemeinen sehr vorsichtig und zurückhaltend
auftreten, insbesondere dann, wenn man von ihnen einfache
und klare Antworten auf scheinbar einfache Fragen erwartet. Mit dem Denkmodell der Komplexität suchen sie verständlich zu machen, daß diese Fragen eben alles andere als
einfach sind und daß die Eigenart ihres Gegenstandes – des
Wirkungsprozesses – es oft schlicht unmöglich macht, einfache Antworten zu geben.

Auf dem Boden des Variablenansatzes mußte man eine
Vorstellung aufgeben, die anfangs in der Wirkungsforschung

verbreitet war, jedoch zunächst nicht thematisiert wurde: die Vorstellung von einer "Monokausalität", vom einfachen kausalen Zusammenhang zwischen einer Ursache und ihrer Wirkung. Nahezu einmütig sprechen sich heute die Wirkungsforscher gegen eine Monokausalität als Grunderklärungsprinzip für Medienwirkungen aus. Allgemein gilt heute die Auffassung: Wenn an Wirkungsprozessen stets viele Faktoren beteiligt sind, die auf sehr komplexe Weise miteinander zusammenhängen, dann gibt es in der Realität nur selten Fälle, die eindeutig monokausaler Art sind; nur selten lassen sich beobachtete Veränderungen auf einen einzigen Faktor als Ursache zurückführen. Oft ist es äußerst schwierig und manchmal unmöglich, das Knäuel der mitspielenden, untereinander interdependenten Variablen so zu entwirren, daß klare Faktoren- und Prozeßstrukturen sichtbar werden. Mit dem Konzept von der Plurikausalität treten die Wissenschaftler jenen Fällen entgegen, in denen die Menschen sich die Erklärung von Medienwirkungen allzu leicht machen, indem sie einfache Kausalzusammenhänge konstruieren.

Gewandelt haben sich auch die Vorstellungen davon, wie mächtig die Medien bei der Beeinflussung von Menschen, insbesondere im Bereich der Einstellungen sind. Zunächst war man von einer enormen Wirkkraft, von einer "Allmacht" der Medien überzeugt, und man meinte, dafür gewichtige Argumente ins Feld führen zu können. Hatte die Weltgeschichte nicht immer wieder gezeigt, wie beeinflußbar die "Massen" sind? Spielten dabei nicht die publizistischen Medien eine entscheidende Rolle? Und gibt es einen besseren Beweis für die Medienallmacht als die Propagandaerfolge des äußerst medienbewußten Nationalsozialismus und anderer autoritärer Systeme?

Inzwischen haben die Forscher ihre Vorstellungen von der Stärke und Reichweite der Medienwirkungen beträchtlich differenziert und teils auch korrigiert:

Die Propagandaerfolge der Nationalsozialisten erklären wir uns heute aus der damaligen ganz speziellen historischen Konstellation heraus, aus der Situation, in der sich das deutsche Volk damals befand, sowie aus der sorgsam durchdachten, rücksichtslosen Ausnutzung sämtlicher verfügbarer Medien bei einer umfassenden Kontrolle des publizistischen Apparates durch das totalitäre Herrschaftssystem mit einer heute nicht mehr möglichen Abschottung nach außen.

Vor allem aber wandelten sich die Auffassungen der Wissenschaftler von ihrem Forschungsgegenstand, also von der Massenkommunikation. Je mehr sich die Forscher mit den am Kommunikationsprozeß beteiligten Faktoren beschäftigten und je mehr dieser Faktoren sie "entdeckten" und untersuchten, um so fragwürdiger wurde das Konzept von der einfachen (Mono-) Kausalität. Zum einen erkannten sie, daß sie es mit einem hochkomplexen Geflecht interdependenter Faktoren zu tun haben; und zum anderen begegneten sie bestimmten Faktoren, die geeignet sind, mögliche Wirkungen zu bremsen, abzuschwächen oder gar zu verhindern. Diesen "Gegenkräften" oder "Korrekturfaktoren" widmete die Kommunikationsforschung besondere Aufmerksamkeit, und dadurch sind wir heute in der Lage, die Reichweite wie auch die Grenzen der Medienwirkkraft besser zu verstehen und realistischer einzuschätzen. Die wichtigsten "Korrekturfaktoren sind

- die vorhandene Attitüden-(Einstellungs-)Struktur des Rezipienten
- persönliche Kommunikation
- Gruppenzugehörigkeit.

Vorhandene Attitüdenstruktur

Der erwachsene Mensch begegnet den Aussagen, die durch Massenmedien an ihn herangetragen werden, nicht als "tabula rasa", sondern mit bereits vorhandenen Einstellungen, mit "präexistenten" Attitüden, mit einer im Laufe des Lebens gewachsenen und oft sehr verfestigten Struktur von Bewertungs- und Reaktionsdispositionen. Das bedeutet: Vielen meinungsbildenden Aussagen steht der Mensch bereits vorgeformt und in bestimmte Richtungen tendierend gegenüber. Das wirkt sich aus sowohl bei der Auswahl dessen, was er auf sich einwirken lassen will, als auch im Wahrnehmen, Erleben, Verarbeiten und Bewerten der Aussage. Die Beeinflussung ist in der Regel um so stärker, je mehr die empfangenen Aussagen mit den Attitüden des Rezipienten übereinstimmen. Wirkungsmöglichkeiten ergeben sich vor allem, wenn sich der Rezipient in der Angelegenheit, um die es in der Aussage geht, noch nicht festgelegt hat, oder wenn er sich überhaupt noch nicht mit dem betreffenden Gegenstand befaßt hat, oder wenn er – etwa in Krisensituationen – ein außergewöhnliches Informationsdefizit bei starkem Informationsbedarf hat.

Persönliche Kommunikation

Zwischen Massenkommunikation und persönlicher Kommunikation bestehen enge Zusammenhänge. Die persönliche

Kommunikation bildet einen jener sozialen Faktoren, die den Wirkungsprozeß mitbestimmen. Unter vergleichbaren Bedingungen ist die unmittelbare persönliche Begegnung der Massenkommunikation überlegen. Wenn nun die Aussagen der Massenmedien nicht mit denjenigen übereinstimmen, die von Familienangehörigen, Freunden, Bekannten, Kollegen usw. in persönlichen Gesprächen geäußert werden, wenn es also zu Konflikt und Konkurrenz zwischen diesen beiden Kommunikationsarten kommt, besteht durchaus die Möglichkeit, ja Wahrscheinlichkeit, daß so manche Medieneinflüsse gebremst, neutralisiert oder gar ins Gegenteil verkehrt werden. Persönliche Kommunikation kann sich somit als „Gegenkraft" oder „Korrekturfaktor" auswirken.

Gruppenzugehörigkeit
Auch die Gruppenzugehörigkeit zählt zu den beteiligten sozialen Faktoren, und zwar durch die stark motivierenden Normen jener Gruppen, denen der Rezipient angehört. Daher entwickelt der Mensch häufig Widerstände gegenüber Beeinflussungsversuchen, die zu den Gruppennormen in Widerspruch stehen. Und diese Widerstände sind um so stärker, je mehr sich das Individuum mit einer Gruppe und deren Normen identifiziert.

Die "Entdeckung" dieser "Abwehrkräfte" und zahlreicher anderer im Wirkungsprozeß mitspielender Faktoren sowie die damit verbundene Abkehr vom Denken in einfachen Kausalzusammenhängen führte zeitweilig zu der Ansicht, mit der Wirksamkeit der Medien sei es überhaupt nicht weit her. Allenfalls könnten die Medien bereits vorhandene Einstellungen verstärken. Man richtete die Aufmerksamkeit auf die beteiligten Faktoren und insbesondere auf die "Korrekturfaktoren" und verlor dabei nicht selten die Wirkungen aus dem Blick. So konnte die These von der "Ohnmacht" der Medien aufkommen, eine These, die in dieser Absolutheit sicher genauso verfehlt ist wie die von der „Allmacht".

Während also bei der ursprünglichen einfach-kausalistischen Betrachtungsweise die Medienwirkungen überschätzt wurden, besteht bei allzu starker Betonung der beteiligten Faktoren die Gefahr, die Wirkungen zu unterschätzen. Die gegenwärtige Wirkungsforschung bemüht sich, auf der Basis empirischer Forschungsergebnisse eine angemessene Mittelposition zwischen den Extremen zu finden. Im Blickpunkt des Interesses stehen dabei weniger die kurzfristigen Wirkungen einzelner Aussagen; vielmehr geht man davon aus, daß die Medien die Ansichten, Meinungen und Vorstellungen der Menschen, also deren „Weltsicht", langfristig und kumulativ beeinflussen, indem sie bestimmte, hinter den einzelnen Aussagen stehende „Weltsichten" anbieten.

Wichtige neue Impulse empfing die Medienwirkungsforschung durch den „dynamisch-transaktionalen Ansatz" von Früh und Schönbach. "Wenn Ursachen, indem sie wirken, notwendig sich selbst verändern bzw. die Gegenwirkung bereits integrieren, dann können Medienwirkungen kein Resultat eines linearen Prozesses vom Kommunikator zum Rezipienten sein. Es muß also die Vorstellung aufgegeben werden, Wirkungen könnten ausschließlich als einseitig gerichtete Beziehungen, sozusagen nur als kausale 'Einbahnstraße' vorkommen. Es lohnt sich oft, darauf zu achten, wie sich die wirkende Ursache schon allein infolge der Tatsache, daß sie wirkt oder infolge ihrer eigenen, hypothetisch vorweggenommenen Wirkung simultan mit dem Wirkungsobjekt selbst verändert. Ursachen und Wirkungen können auf diesem Wege sogar zusammenfallen oder in einem oszillatorischen Wechselspiel sich mit so hoher Geschwindigkeit untereinander beeinflussen, daß praktisch nur noch eine abstrakt-analytische Trennung möglich ist, deren Sinnhaftigkeit im konkreten Forschungskontext begründet werden muß. Durch die dynamische Betrachtungsweise ist jedoch nicht die völlige Aufgabe des Kausalitätsprinzips verbunden, wohl aber eine etwas erweiterte Sicht. Bei Transaktionen könnte man statt von einer einseitigen, hier von einer doppelseitigen (nicht wechselseitigen!) Kausalität sprechen."[82]

Die Medienwirkungsforschung befindet sich heute – was ihre Reputaton betrifft – in einer merkwürdigen Klemme: Von den einen wird sie überschätzt, von den anderen unterschätzt. Die einen erwarten von ihr absolut gesicherte Auskünfte zu höchst schwierigen Fragen, Auskünfte, welche die Wirkungsforschung nicht oder nur mit Vorbehalten und Einschränkungen liefern kann; die anderen sind entweder gegenüber ihren Methoden skeptisch oder sie haben aus den Vorbehalten den Schluß gezogen, dieser Wissenschaftszweig habe überhaupt keine klaren und eindeutigen, praktisch brauchbaren Ergebnisse anzubieten.

Auf die Frage, ob die Wirkungsforschung bei ihrem gegenwärtigen Stande viel oder wenig zu bieten hat, kann die Antwort nur lauten: Das kommt ganz auf die Perspektive an. "Viel" und "wenig" sind relative Begriffe, die ihre Be-

---

[82] W. Früh: Medienwirkungen, S. 187

stimmung erst durch den Bezugspunkt erhalten, an dem man sich orientiert. Mißt man das, was die Wirkungsforschung an Erkenntnissen erarbeitet hat, an dem, was die Praktiker wissen möchten, kann man den Bestand an verläßlichen Resultaten gewiß nicht als zufriedenstellend bezeichnen. Vergleicht man dagegen diesen Bestand mit dem, was wir vor zehn, zwanzig oder dreißig Jahren wußten, so ist bereits eine Menge geleistet worden.

Es besteht kein Zweifel: Alles in allem ist die Wirkungsforschung durchaus leistungsfähig, nicht mehr und nicht weniger als andere Sozialwissenschaften auch. Bei angemessener und sinnvoller Förderung (auch des akademischen Nachwuchses) wird dieser Forschungszweig sich weiterentwickeln und auch in Zukunft wichtige und für die Praxis nützliche Einblicke und Aufschlüsse liefern.

6. Theorien, Ansätze

6.1 Theorien allgemein

"Elementarste gesellschaftliche Funktion einer Universitätsdisziplin ist ja immer noch die Produktion von Theorie als maximal verläßlichem und generalisierbarem Wissen und deren Instruktion, gegebenenfalls auch deren Einsatz zur Lösung außeruniversitär sich stellender, durch Wissenschaft lösbarer Probleme."[83] "Empirische Forschung im engeren Sinn hat die Aufgabe, Informationen über die Beschaffenheit der 'außen' bestehenden Wirklichkeit einzuholen, also Daten zu erheben. Theoretische Forschung h a t die Aufgabe, Aussagen aller Art in die Form logisch konsistenter und für einen gegebenen Zweck möglichst nützlich strukturierter Aussagengefüge zu bringen sowie Aussagengefüge aller Art auf ihre logische Konsistenz und zweckbezogen nützliche Struktur zu überprüfen."[84] "Die auszuarbeitenden Theorien dienen dazu, verfügbare Wissensbestände in Gestalt gut überschaubarer Aussagengefüge zu erschließen. Zu diesem Zweck hat die theoretische Forschung

---

[83] U. Saxer: Grenzen der Publizistikwissenschaft, S. 533
[84] W. J. Patzelt: Sozialwissenschaftliche Forschungslogik, S. 237

verstreutes Einzelwissen und vereinzelte Theoriefragmente aufeinander zu beziehen und zusammenzufassen."[85]

Für den Begriff "Theorie" liegen viele Definitionen vor, die oft deutlich voneinander abweichen. Doch sollen uns diese Feinheiten nicht weiter interessieren. Einige Beispiele müssen hier genügen: "Die Theorie eines bestimmten Objektbereiches ist die Gesamtheit der logisch miteinander verbundenen nomologischen Hypothesen, die zur Erklärung und Voraussage des Verhaltens der Phänomene dieses Bereichs herangezogen werden müssen."[86] Theorien sind "kohärente, empirisch fundierte und geprüfte Aussagensysteme über Gegenstandsbereiche."[87] "Unter einer Theorie wird ein System von Begriffen, Definitionen, Aussagen und Aussagesätzen verstanden, das sich auf einen Bereich der objektiven Realität oder des Bewußtseins bezieht. Kernelement jeder Theorie sind die in ihr formulierten Gesetzesaussagen über den Bereich, mit dem sie sich auseinandersetzt. Sie weist Aussagen über bestimmte empirische Sachverhalte auf, die durch gedankliche Abstraktion zu einer Rekonstruktion der objektiven Realität führen."[88]

Doch ist dem ein wichtiger Aspekt anzufügen: Bei weitem nicht immer wird in den Sozialwissenschaften und auch in der Kommunikationsforschung das Wort "Theorie" in einer so präzisen Bedeutung verstanden und verwendet. Oft spricht man in einem sehr viel vagueren, unbestimmteren Sinne von "Theorie" und meint dabei ohne nähere Bestim-

---

[85]   a.a.O., S. 239
[86]   H. Albert: Probleme der Wissenschaftslehre in der Sozialforschung, S. 76
[87]   U. Saxer: a.a.O., S. 533
[88]   K. Koszyk und K. H. Pruys: Handbuch der Massenkommunikation, S. 122f

mung nahezu alle, mehrere Einzelsätze übergreifenden Allgemeinaussagen, also Aussagen, die man zweckmäßiger als "Ansätze" bezeichnet. Eine einheitliche Sprachregelung gibt es nicht.

6.2 Theorien in der Kommunikationswissenschaft

Weder für Kommunikation allgemein noch für Massenkommunikation liegt bislang eine empirisch fundierte Gesamttheorie (im strengen Sinn) vor. Von dem Ziel eines empirisch fundierten kohärenten Systems von Allgemeinaussagen über den Gegenstandsbereich ist die Kommunikationswissenschaft noch weit entfernt. Gegenwärtig besteht diese Wissenschaft unter dem Aspekt der Theorienbildung aus einer großen Zahl von Einzelsätzen, Hypothesen, Konzepten, die unverbunden und oft untereinander unstimmig auf sehr verschiedenen Abstraktionsebenen im Raum stehen. "Zusammengefaßte Einzelergebnissse müssen in der empirischen Sozialforschung im allgemeinen und der empirischen Kommunikationsforschung im speziellen die fehlende Theorie ersetzen."[89] "Kein Zweifel: Weder existiert im Sinne einer klassischen Disziplin *die* Kommunikationswissenschaft noch gibt es eine generelle Kommunikationstheorie, die imstande wäre, ihren Objektbereich erschöpfend zu erklären und sichere Prognosen zu gestatten."[90] "Schließlich liegt der Massenkommunikationsforschung keine originäre Theorie zu Grunde. Ganz im Gegenteil: Die heterogenen Studien

---

[89]   C. Eurich: Kritik der empirischen Kommunikationsforschung, S. 345
[90]   E. Schreiber: Repetitorium Kommunikationswissenschaft, S. 255

stützen sich in der Regel mehr schlecht als recht auf besten-
falls komplementäre, meist jedoch konkurrierende theoretische Fundamente oder hangeln sich mehr oder weniger hilflos an disparaten theoretischen Rahmen empor."[91]

Somit gibt es zwar keine Gesamttheorie der (Massen-)
Kommunikation, wohl aber Theorien oder besser Ansätze zu
Teilaspekten aus unterschiedlichen Perspektiven.

Pürer nennt sieben Ansätze: "In der deutschsprachigen
Publizistik- bzw. Kommunikationswissenschaft sind folgende Positionen erkennbar bzw. vorfindbar, die Publizistik
bzw. Massenkommunikation zu erklären versuchten und die
im Fach auch allgemein Aufmerksamkeit fanden und mehr
oder weniger kritisch gewürdigt wurden:
- der Normative Ansatz (nach Emil Dovifat)
- der Systematische Ansatz (nach Walter Hagemann)
- der Funktionale Ansatz (nach Henk Prakke u.a.)
- der Massenkommunikative Ansatz (nach Gerhard Maletzke)
- der Systemtheoretische Ansatz (nach Niklas Luhmann)
- der Kritisch-theoretische Ansatz (nach Hans Magnus
  Enzensberger u.a.)
- der (Neo-)Marxistische Ansatz (nach Franz Dröge,
  Horst Holzer u.a.)."[92]

Es ist hier nicht der Ort, diese Ansätze im einzelnen zu behandeln. Eine umfassende und systematische Darstellung
liegt bislang nicht vor. wohl aber einige Versuche und Ent-
würfe.

---

[91] a.a.O., S. 51
[92] H. Pürer: Einführung in die Publizistikwissenschaft, S. 26

Die Übersicht von Pürer stellt *eine* Ordnungsmöglichkeit dar. Aus einer etwas anderen Perspektive, die sich an mehreren Stellen mit Pürers Sichtweise überschneidet, lassen sich folgende kommunikationswissenschaftliche Theorien oder Ansätze auflisten:

- Einseitig-linearer Ansatz
- Variablenansatz
- Theorien der Zusammenhänge zwischen persönlicher Kommunikation und Massenkommunikation
- Nutzenansatz
- Systemansatz
- Konstruktivismus
- Kritische Theorien
- Theorie der kognitiven Dissonanz.

Im folgenden werden diese Ansätze oder Theorien kurz dargestellt.[93] Allerdings geschieht dies nur mit Vorbehalten und einschränkenden Hinweisen: Zunächst einmal läßt sich darüber streiten, ob hier wirklich die wichtigsten Ansätze erfaßt werden. Auch über ihre Benennung kann man durchaus verschiedener Ansicht sein. Offen bleiben ferner die Fragen, wie diese Ansätze miteinander zusammenhängen, welche Stellen ihnen im Rahmen einer Systematik zukommen und ob sie als auf *einer* Ebene oder auf verschiedenen Ebenen lokalisiert zu denken sind. Diese und weitere Grundsatzfragen können hier nicht geklärt werden; sie bedürften einer eigenen, zweifellos sehr schwierigen Unter-

---

[93] Einige Passagen wurden hier übernommen aus G. Maletzke: Massen-kommunikationstheorien

suchung. So bleibt es hier bei einer schlichten Aneinanderreihung, bei einem Katalog in einer mehr oder weniger willkürlichen Anordnung.

6.2.1 Einseitig-linearer Ansatz

Die Frühzeit der Kommunikationswissenschaft ist durch relativ einfache theoretische Vorstellungen gekennzeichnet. Den Prozeß der Massenkommunikation betrachtete man als einseitig-lineare Vermittlung der Aussage vom Kommunikator zum Rezipienten.

Ihren prägnanten Ausdruck fand diese Denkweise in dem von Lasswell 1948 formulierten Fragesatz: Who says what in which channel, to whom, with what effect?[94] Diese "Formel" gliedert die Massenkommunikation in fünf Grundfaktoren: Kommunikator, Aussage, Medium, Rezipient, Wirkung. Heute wird dieser Ansatz oft als überholt abgetan. Dabei verkennen jedoch manche Kritiker, daß Lasswell seine Formel nie als "Theorie" verstanden wissen wollte; sie sollte lediglich dazu dienen, die Untersuchungsfelder der Massenkommunikationsforschung abzustecken.

Richtig ist, daß der Formel eine Vorstellung von der Massenkommunikation als einseitig-linearem Übertragungsprozeß zugrundeliegt: Eine Aussage wird durch ein Medium verbreitet, trifft auf einen (isoliert gedachten) Rezipienten und "bewirkt" bei diesem etwas. Demnach verläuft die Kommunikation in einer "Einbahnstraße" oder

---

[94] Hierzu auch Abschnitt 4.2

auch wie bei einem "Transmissionsriemen" ("transmission belt theory").

Dieses heute zu Recht als zu einfach geltende Konzept korrespondiert in hohem Maße mit einem Ansatz, der damals die Psychologie weithin bestimmte: mit dem Reiz-Reaktions-Ansatz (Stimulus-Reaction = S-R) der behavioristischen Lerntheorie. Ein einfaches Kausaldenken ist auch für dieses Konzept kennzeichnend. Diese Gemeinsamkeit spiegelt sich in den Methoden wider: Von der Psychologie übernahm die Kommunikationsforschung als zentrales Instrument bei der Untersuchung von Wirkungen das Laborexperiment, das ursprünglich in den Naturwissenschaften entwickelt wurde, um Kausalbeziehungen exakt festzustellen. Zu diesem Zweck hält man sämtliche Bedingungsfaktoren konstant bis auf den einen, dessen Wirkungen man untersuchen will. Für Psychologie und Kommunikationsforschung bedeutet das: Bei Konstanthalten aller anderen Faktoren läßt man einen "Reiz" (z.B. eine Aussage) auf den "Probanden" (Rezipienten) einwirken; sind daraufhin beim Probanden bestimmte "Reaktionen" zu beobachten (z.B. Veränderungen in den Einstellungen), so kann man den Reiz als "Ursache" und die Reaktion als "Wirkung" interpretieren. – Heute steht man in den Sozialwissenschaften dem Laborexperiment eher skeptisch gegenüber, vor allem, weil die Laborsituation mit ihren künstlich hergestellten Bedingungen recht lebensfremd ist und somit die Resultate derartiger Experimente sich nicht ohne weiteres auf das normale Alltagsleben mit seinen sich ständig verändernden Faktorenkombinationen übertragen lassen. Dennoch gilt dieses Verfahren nach wie vor als das "klassische" For-

106

schungsinstrument für den Nachweis von Wirkungszusammenhängen (im Sinne von Kausalbeziehungen).

Ob man diese noch einfachen theoretischen Vorstellungen vom Kommunikationsprozeß bereits als "Modell" bezeichnen soll, ist eine reine Definitionsfrage. Komplexe Modelle jedenfalls wurden erst später erarbeitet. In der Anfangszeit entlehnte man lediglich aus der mathematischen Kommunikationstheorie ein von Shannon und Weaver entworfenes Schema, das in wesentlichen Punkten mit der Lasswell-Formel eng verwandt ist:

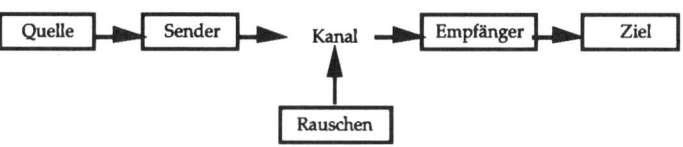

Abbildung 10 (Quelle: Carl Friedrich Graumann: Interaktion und Kommunikation, S. 1155)

Entspricht in der Psychologie den einseitig-linearen Kommunikationsvorstellungen das lerntheoretische Reiz-Reaktions-Schema, so ist es in der Soziologie die Theorie von der Massengesellschaft, die mit diesen frühen Entwicklungen einhergeht und diese beeinflußt: Als Folge der Industrialisierung – so dieses Konzept – haben Kleingruppen und persönliche Bindungen weitgehend ihre Funktionen eingebüßt. Das Individuum lebt vereinzelt und bindungslos inmitten einer durch Anomie gekennzeichneten Gesellschaft. So ist der isolierte Einzelne auch hilf- und schutzlos den Einflüssen der Medien ausgesetzt, eben jenen Medien, die sich damals in den Industrieländern schnell ausbreiteten.

*

Bei dieser Lage der Kommunikationstheorie ist es nur konsequent, daß man zunächst an eine enorme "Macht" der Medien glaubte. Diese Ansicht fand Nahrung in den Ergebnissen der experimentellen Wirkungsforschung: Dadurch, daß alle sonstigen Bedingungsfaktoren im Experiment konstant gehalten werden, können sich die Einflüsse des einen zu untersuchenden Faktors (also der "unabhängigen Variablen") besonders leicht durchsetzen. In Laborexperimenten werden in der Regel Wirkungen deutlicher sichtbar als im realen Leben. – Verschiedene Konzepte wirkten somit zusammen mit dem Resultat, daß eine „Allmacht" der Medien seinerzeit als nahezu selbstverständlich galt.

Die hier soeben aufgeführten Ansätze – der behavioristische Reiz-Reaktions-Ansatz, das damit zusammenhängende einseitig-kausal-lineare Denken und schließlich auch die Theorie von der Massengesellschaft – gelten heute nicht nur in der Kommunikationswissenschaft, sondern in allen Sozialwissenschaften weitgehend als überholt oder doch zumindest als ergänzungsbedürftig.

6.2.2 Variablenansatz

Schon die Behavioristen mußten bald einsehen, daß das einfache Reiz-Reaktions-Schema als Erklärungsprinzip menschlichen Verhaltens nicht ausreicht. Offensichtlich greift der Mensch sozusagen als Zwischeninstanz zwischen Reiz und Reaktion verändernd oder modifizierend in die Verhaltensvorgänge ein. Dieser Einsicht versucht der Neo-

Behaviorismus durch Einfügen eben einer solchen Instanz in das Ablaufmodell gerecht zu werden.

Die Kommunikationswissenschaft vollzog einen vergleichbaren Schritt mit dem Konzept von den "intervenierenden Variablen" und – darauf aufbauend – mit dem "Variablenansatz".

"Variable sind begrifflich definierte Merkmale (Eigenschaften) von Objekten, die mehrere Ausprägungen annehmen können."[95] – "Intervenierend" bedeutet, daß diese Merkmale, indem sie verschiedene Werte, Größen oder Ausprägungen annehmen, damit in den Gesamtprozeß eingreifen und dessen Verlauf beeinflussen.

Anfangs hatte man in schlichtem Kausaldenken die Aussage als unabhängige Variable und die Reaktion des Rezipienten als abhängige Variable verstanden. Das hieße freilich, daß alle Rezipienten auf eine bestimmte Aussage mehr oder weniger gleich reagieren müßten. Und tatsächlich scheint – wenn auch nur unausgesprochen – eine solche Vorstellung in den frühen Wirkungstheorien mitgespielt zu haben. Dem steht allerdings die Alltagsbeobachtung entgegen, daß verschiedene Menschen auf einen bestimmten "Reiz" oft höchst unterschiedlich reagieren. In der Fachsprache heißt das aber: Der Mensch, der Rezipient selbst erweist sich als *eine* intervenierende Variable. Von dort aus ist es nur noch ein kleiner Schritt zu der Erkenntnis, daß der Rezipient nicht als *eine* Variable, sondern als ein hochkomplexes Bündel einer Vielzahl von Faktoren zu denken ist. Derartige Faktoren sind aus Psychologie und Soziologie in Fülle bekannt: Intelligenz, Extra- und Introvertiertheit,

---

[95] H. Kromrey: Empirische Sozialforschung, S. 102

Beeinflußbarkeit, Begabungen, Wertorientierungen; Alter, Beruf, Bildung, Familiengröße, soziale Schicht usw. Entsprechend fächerte man nach und nach auch die anderen Grundfaktoren der Massenkommuniktion immer weiter in Variable (oder Faktoren) auf.

Aus der Perspektive des Variablenansatzes besteht die zentrale Aufgabe der empirischen Kommunikationsforschung darin, zum einen die Variablen, die am Kommunikationsprozeß beteiligt sind, möglichst vollständig zu erkennen und zu erfassen; zweitens den "Standort" oder Stellenwert im Rahmen des Kommunikationssystems zu bestimmen; drittens die Interdependenzen der Variablen untereinander herauszuarbeiten; und schließlich die Rolle und Bedeutung der Variablen im Wirkungsprozeß zu untersuchen. – Mit der "Entdeckung" der intervenierenden Variablen erweiterte sich somit das Forschungsfeld ganz erheblich.

Mittlerweile haben die Kommunikationsforscher eine so große Zahl von intervenierenden Variablen herausgearbeitet, daß ein Gesamtüberblick kaum noch möglich ist. Zu dieser Vielzahl kommt ein Sachverhalt hinzu, der den Variablenansatz als ein hochkomplexes Forschungsfeld ausweist: Die Variablen greifen in aller Regel nicht einzeln, nicht voneinander isoliert in die Kommunikationsprozesse ein, sondern sie sind vielfach funktional miteinander verbunden, sie hängen wechselseitig voneinander ab, sie bilden ein außerordentlich schwer durchschaubares Interdependenzgeflecht, das die empirische Forschung vor schwierige Aufgaben stellt.

Der Variablenansatz bedeutete einen entscheidenden Schritt der Kommunikationswissenschaft in Richtung auf

110

ein differenzierteres Bild von Kommunikationsprozessen. Diese neue Sichtweise wurde nicht von einzelnen Forschern, auch nicht von bestimmten Forschungsgruppen "erfunden" oder "entdeckt"; sie ergab sich vielmehr allmählich als Konsequenz aus den allgemeinen Veränderungen und Entwicklungen in den empirischen Sozialwissenschaften. Heute betrachten viele Forscher diesen theoretischen Ansatz als das wichtigste und die Kommunikationswissenschaft weithin beherrschende Grundmuster, als das derzeitige kommunikationswissenschaftliche Paradigma.[96]

6.2.3 Theorien der Zusammenhänge zwischen persönlicher Kommunikation und Massenkommunikation

Die sozialwissenschaftliche Kommunikationsforschung befaßte sich anfänglich nicht etwa mit der "Normalform" von Kommunikation, der direkten persönlichen Begegnung von Partnern, sondern mit der technisch vermittelten, also indirekten Massenkommunikation. Dabei standen auf dem Boden ökonomischer, politischer und pädagogischer Interessen vor allem die Wirkungen der Medien im Mittelpunkt der Forschung. Diese Orientierung stimmte überein mit der Theorie von der Massengesellschaft, von der Vorstellung also, die Gesellschaft bestünde aus vereinzelten, isolierten, einander fremden Individuen. Demnach würde der Mensch als Einzelner von den Medien erreicht und beeinflußt. Für die direkte persönliche Kommunikation ließ dieses Konzept kaum Raum.

---

[96] Dazu auch Abschnitt 8.2

Diese Theorie erwies sich dann jedoch als unhaltbar. Sozialwissenschaftliche Studien zeigten immer deutlicher, daß die Kleingruppe, die man schon für passé erklärt hatte, nach wie vor voll funktionsfähig ist. Damit wandte sich die Aufmerksamkeit der Forscher auch der Kommunikation in kleinen und kleinsten sozialen Gebilden zu. Kleingruppen und interpersonale Kommunikation wurden "wiederentdeckt".

Dadurch wurde jedoch das Interesse an der Massenkommunikation keineswegs beeinträchtigt. Vielmehr warf man sogleich die Frage auf, wie sich denn nun die beiden Formen von Kommunikation – die interpersonale und die Massenkommunikation – zueinander verhalten. Es waren vor allem drei eng miteinander zusammenhängende Fragenkomplexe, die man zu klären suchte:

- die Frage nach der Wirksamkeit der persönlichen Kommunikation im Vergleich zur Wirkkraft der Massenkommunikation
- die mehrstufige Kommunikation mitsamt der Rolle und Bedeutung von Meinungsführern
- die Verbreitung (Distribution) neuer Ideen und Praktiken.

Dazu einige kurze Erläuterungen.

Wirksamkeit von persönlicher Kommunikation im Vergleich zur Massenkommunikation
Eine nicht nur theoretisch interessante, sondern auch praktisch höchst bedeutsame Frage lautet: Welche von den beiden Kommunikationsformen – interpersonale oder Massen-

kommunikation – ist bei der Beeinflussung von Einstellungen (Meinungen, Attitüden, Überzeugungen, Wertorientierungen) wirksamer? In beachtlicher Übereinstimmung kamen zahlreiche Untersuchungen zu dem Ergebnis, daß unter vergleichbaren Bedingungen das direkte Gespräch der Massenkommunikation überlegen ist. Als mögliche Gründe dafür wären etwa diese zu nennen:

- Bei einem Gespräch von Angesicht zu Angesicht ist die kritische Distanz zwischen den Partnern geringer als in der Massenkommunikation. Der Angesprochene ist daher bereit, Argumente anzunehmen.
- Durch Rückfragen werden die Voraussetzungen des Gesprächs schnell und sicher geklärt, während in der Massenkommunikation direkte Rückfragen unmöglich sind.
- Im direkten Gespräch kann der Kommunikator sich auf die Persönlichkeit des Partners einstellen. Er kann den Erfolg seiner Aussage unmittelbar beobachten und kontrollieren, Mißverständnisse korrigieren und Widersprüchen begegnen.

Einflüsse durch Massenmedien können also in Konflikt und Konkurrenz mit der persönlichen Kommunikation geraten, das heißt mit den Ansichten von Familienangehörigen, Freunden, Bekannten, Kollegen usw., und sicher werden auf diese Weise manche Medienwirkungen neutralisiert oder gar ins Gegenteil verkehrt.

Allerdings sei hier auf die kleine, aber bedeutsame Floskel "unter vergleichbaren Bedingungen" hingewiesen. Das heißt: Durchaus nicht immer und grundsätzlich ist die interpersonale Kommunikation wirksamer; es gibt auch

Konstellationen, bei denen die Massenkommunikation überlegen ist.

Zweistufige Kommunikation und Meinungsführer

Neue Einblicke in die Zusammenhänge zwischen persönlicher und medialer Kommunikation taten sich auf mit den – voneinander untrennbaren – Konzepten von der zweistufigen Kommunikation und von den Meinungsführern.

Die ursprüngliche einfache Annahme, die Medien erreichten und beeinflußten den einzelnen Rezipienten stets direkt, wurde in den vierziger Jahren durch Studien in den U.S.A. über Wählerbeeinflussung und Wahlverhalten erschüttert. Dort zeigte sich nämlich: Viele Menschen holen sich ihre politischen Ansichten nicht etwa von den Massenmedien, sondern im direkten persönlichen Gespräch von anderen Menschen, und zwar vor allem von solchen, die selber in überdurchschnittlichem Maße die Medien nutzen, also von dort her besonders gut informiert sind. Diese Personen heißen in der Fachsprache "Meinungsführer".

Zahlreiche empirische Studien – so insbesondere die bekannte Arbeit von Katz und Lazarsfeld[97] – gingen dem zweistufigen Kommunikationsfluß mitsamt den Funktionen der Meinungsführer genauer nach. Dabei ergab sich – auf das Wesentliche verkürzt – dieses Bild:

Jede soziale Gruppe und jede Gruppe von speziell Interessierten hat ihre eigenen Meinungsführer; so gibt es jeweils Meinungsführer für Politik, Mode, Sport, Gartenpflege usw. Dieselbe Person kann auf dem einen Gebiet Meinungsführer sein und sich auf einem anderen Gebiet von einem anderen

---

[97] E. Katz und P. F. Lazarsfeld: Personal influence

Meinungsführer beeinflussen lassen. Es liegen Anzeichen dafür vor, daß Meinungsführer überdurchschnittlich aktiv sind sowohl beim Beschaffen als auch beim Weitergeben von Informationen. Ihre Sachkenntnisse sind etwas umfangreicher als die der Gruppe im Durchschnitt. Im übrigen gleichen Meinungsführer in vieler Hinsicht den Personen, die sie beeinflussen; sie gehören denselben Arten von Vereinen, Gesellschaften usw. an, und auch ihre Familienstruktur und ihre Berufe ähneln sich.

Meinungsführer stellen Zentren oder Knotenpunkte im Kommunikationsnetz einer Gruppe dar. Sie werden oft um Rat und Information gefragt und holen sich selbst Informationen bei anderen Mitgliedern der Gruppe. Dabei stehen sie vor allem auch mit anderen Meinungsführern in engem Kontakt und Austausch.

Soweit der gedrängte Überblick über die wichtigsten Punkte des Konzepts vom Meinungsführer und von der mehrstufigen Kommunikation. Diese Ansätze sind allerdings von verschiedenen Seiten und mit verschiedenen Argumenten kritisiert worden. Die wichtigsten Einwände lassen sich so zusammenfassen:

Der Begriff "Meinungsführer" wird unklar definiert und uneinheitlich verwendet; in den empirischen Untersuchungen werden die Meinungsführer in der Regel aufgrund von Aussagen befragter Personen als Meinungsführer klassifiziert, aber nur selten durch Beobachtung des tatsächlichen Verhaltens.

Bisher wurde nicht hinreichend die Möglichkeit bedacht und untersucht, daß die Kommunikation nicht nur zweistufig, sondern auch mehrstufig (und dabei unter Umständen auch im Kreise) verlaufen kann.

Vernachlässigt wurde ferner die Frage, ob und wie die Aussagen der Massenkommunikation beim "Durchgang" durch die Stufen der persönlichen Kommunikation verändert werden. Werden sie unverändert weitergegeben, so h a t der Meinungsführer nur eine Relais-Funktion; werden sie verändert, so beeinflußt der Meinungsführer den Kommunikationsprozeß durch seine Interpretation der Aussagen, und es fragt sich, ob Regeln zu erkennen sind, nach denen dieses Umsetzen verläuft. Studien über die Verbreitung von Gerüchten weisen darauf hin, daß es derartige Regeln gibt, etwa dadurch, daß bestimmte Teile weggelassen werden, die sich der Interpretation nicht einfügen wollen, daß andere Teile besonders herausgehoben oder ausgesponnen werden, daß die Aussagen inhaltlich dem jeweiligen Bezugsrahmen angepaßt werden usw..[98]

Verbreitung neuer Ideen und Praktiken (Diffusion)
Mit dem Konzept der mehrstufigen Kommunikation verwandt, aber davon zunächst ganz unabhängig, entwickelte sich – ursprünglich in der Agrarsoziologie – eine Forschungsrichtung, die sich mit der Frage beschäftigt, wie sich neue Ideen und Praktiken verbreiten. Den Ausgangspunkt bildet die Erfahrung, daß in einer Gruppe oder Gesellschaft bestimmte Neuerungen akzeptiert, andere aber abgelehnt werden.

In der Diffusionsforschung geht es zum einen um die Frage, wie die Verbreitungsprogresse verlaufen, zum anderen darum, das Verhältnis von interpersonaler und Massenkommunikation bei der Diffusion genauer zu bestimmen; und

---

[98] Hierzu insbesondere J.-N. Kapferer: Gerüchte

schließlich ist zu ergründen, von welchen Faktoren oder Faktorenkonstellationen es abhängt, ob ein Vorschlag angenommen oder abgelehnt wird. Die Untersuchungen zeigen u.a.:

Die Übernahme neuer Ideen und Praktiken vollzieht sich in der Regel als ein Prozeß, in dem sich bestimmte Phasen ausgliedern lassen. Nach Rogers unterscheidet man die fünf Phasen: Zuwendung (awareness), Interesse (interest), Beurteilung (evaluation), Versuch (trial), Übernahme (adaption).[99]

In diesen Phasen haben die Massenmedien jeweils verschiedene Bedeutung: In der ersten Phase vermitteln die Medien die ersten Informationen; in der Phase des erwachten Interesses wendet man sich sowohl an die Massenmedien als auch an die Meinungsführer, um sich weitere Informationen zu verschaffen; in der Phase der Auswertung und Beurteilung hört man vor allem auf die Meinungsführer; die beiden letzten Phasen schließlich – Versuch und Übernahme – sind so stark anwendungsorientiert, daß hier die Information nur noch eine untergeordnete Rolle spielt.

Die Verbreitungsstudien weisen somit sehr deutlich auf den engen Zusammenhang zwischen Massenkommunikation und persönlicher Kommunikation hin; sie zeigen, daß diese beiden Formen von Kommunikation einander in einem Komplementärverhältnis ergänzen und verstärken können, daß jede Form bestimmten Bedürfnissen und Erwartungen entgegenkommt und damit bestimmte "Funktionen" erfüllt, und daß es bei zielgerichteter Verbreitung oft zweckmäßig ist, beide Formen systematisch miteinander zu kombinieren.

---

[99] E. M. Rogers: Diffusion of innovations, S. 81ff

Die Untersuchungen führen ferner zu dem Schluß, daß die Menschen im Hinblick auf ihre Bereitschaft, neue Ideen und Praktiken aufzugreifen, sich typologisch gliedern lassen. So führt Rogers die folgenden fünf Typen an: wagemutige Wegbereiter (innovators), risikobereite Ausprobierer (adopters), frühe Mitmacher (early majority), späte Mitmacher (late majority), konservative Zauderer (laggards).[100]

Nun ist freilich die Erforschung des Verbreitungsvorganges noch so jung, daß bislang zahlreiche Fragen offenbleiben mußten, so insbesondere die Frage, welche Faktoren beim Verbreitungsprozeß mitwirken.

Es wurden aber auch grundsätzliche Einwände und Bedenken gegenüber dem bisherigen Diffusionskonzept laut. So ist neuerdings der Hauptvertreter der Diffusionsforschung, Everett M. Rogers, ausdrücklich von den früheren Vorstellungen abgerückt, und zwar vor allem mit dem Argument, dieser Ansatz beruhe auf einem zu einfachen Reiz-Reaktions-Schema und vernachlässige die sozialen Bedingungsfaktoren im Rahmen größerer Systemzusammenhänge. Der neuen Sichtweise sucht Rogers durch eine "Netzanalyse" auf dem Boden eines "Konvergenzmodells " gerecht zu werden.

6.2.4   Nutzenansatz

Die Kommunikationswissenschaft war zunächst in ihrem Denken vorwiegend an den Wirkungen der Medien interes-

---

[100] a.a.O., S. 168ff

siert. Die Gesamtheit dieser Konzepte faßt man mit dem Begriff "Wirkungsansatz" zusammen. Neuerdings hat diese Bezeichnung häufig einen negativen, abwertenden Unterton. Man sei – so die kritische Argumentation – bis dahin von zu einfachen Voraussetzungen ausgegangen, von der Annahme, Massenkommunikation sei ein einseitig verlaufender Prozeß, bei dem die Aussagen auf passive Rezipienten treffen und dort etwas "bewirken". Damit bleiben aber entscheidende Gesichtspunkte unberücksichtigt. Man brauche einen neuen Ansatz. Einige Forscher meinten sogar, man solle den gesamten Wirkungsansatz über Bord werfen und durch ein gänzlich neues Konzept ersetzen. Die neue Perspektive, die diesem Zweck dienen sollte, wurde weithin bekannt unter dem Namen "Nutzenansatz" (im Englischen: "Uses and Gratifications Approach").

Drei Hauptkomponenten fließen im Nutzenansatz zusammen: die Lehre vom Nutzen durch Bedürfnisbefriedigung; die These vom aktiven Rezipienten; die Theorie der symbolischen Interaktion.

Der Mensch als Rezipient sucht im Erleben von Medienaussagen die Befriedigung von Bedürfnissen. Diese Befriedigung bedeutet für ihn einen Nutzen (gratification). Mediennutzung in Form von Auswahl und Zuwendung erfolgt also nach dem Prinzip des Nutzens, den sich der Rezipient davon verspricht. Deshalb der Begriff "Nutzenansatz".

Unter diesem Blickwinkel ist der Mensch also keineswegs lediglich ein passiver Empfänger von Medienaussagen; vielmehr greift er aktiv in den Prozeß der Massenkommunikation ein: Er wählt aus, prüft, verwirft; und oft genug setzt er den Medieninhalten auch Widerstand entgegen; das

Publikum kann widerspenstig sein.[101] Der Mensch geht aktiv mit den Medien um. Untersucht man im Wirkungsansatz, was die Medien mit den Menschen machen, so kehrt der Nutzenansatz die Blickrichtung um mit der Frage: Was machen die Menschen mit den Medien?

Dieses Konzept vom aktiven Rezipienten läßt die Ansicht von der Einseitigkeit der Massenkommunikation als revisionsbedürftig erscheinen. Zwar wäre es verfehlt, diese Vorstellung ganz aufzugeben, denn die technische Verbreitung von Medienaussagen ist nun einmal ein einseitiger Vorgang, aber dieses Konzept bedarf einiger Ergänzungen. Auf anderen Ebenen gibt es durchaus Wechselbeziehungen zwischen der Kommunikator- und der Rezipientenseite.[102] Diese Gegenseitigkeit interpretierte man zunächst auf dem Boden der Kybernetik als Rückkopplung oder "Feedback". Daraus entwickelte sich dann unter dem Einfluß soziologischer und sozialpsychologischer Konzepte eine differenzierte Lehre von den Interaktionen.[103] Seitdem bildet "Interaktion" einen Schlüsselbegriff aller theoretischen Ansätze in der Kommunikationswissenschaft.

In den Nutzenansatz ist nun eine spezifische Form der Interaktionslehre eingegangen, nämlich die Theorie symbolischer Interaktionen (oft auch – sprachlich ungenau – als "Symbolischer Interaktionismus" bezeichnet). Es handelt sich dabei um ein im wesentlichen von George Herbert Mead entwickeltes Grundkonzept zwischenmenschlichen Verhaltens, das zunächst nichts mit Massenkommunikation zu tun

---

[101] R. A. Bauer: The obstinate audience
[102] Dazu u.a, G. Maletzke: Psychologie der Massenkommunikation, S. 191ff
[103] Dazu auch Abschnitt 3.2.1

hatte und von der Kommunikationswissenschaft erst später aufgegriffen und vereinnahmt wurde – eben im Nutzenansatz.

"Unter symbolischer Interaktion werden die Prozesse verstanden, durch die Menschen auf ihr eigenes und das Bewußtsein anderer bezogen sind, also ihrer und anderer Motive, Mittel, Zwecke und Kenntnisse berücksichtigen."[104] Dazu eine begriffliche Erläuterung: "*Symbolische* Interaktion, weil davon ausgegangen wird, daß der Mensch sich nicht nur in einer natürlichen, sondern auch in einer symbolischen Umwelt bewegt, d.h. sich an Bedeutungen und Bewertungen seiner Umwelt orientiert. Diese symbolische Umwelt ist ein Produkt menschlichen Handelns: die Objektive unserer Umwelt haben nur die Bedeutung, die wir ihnen zuschreiben. Der Mensch konstruiert seine Umwelt durch das Zuweisen von Bedeutungen und Wertungen. Symbolische *Interaktionen*, weil der Einzelne die Bedeutungen der ihn umgebenden Wirklichkeit erst im kommunikativen Austausch mit den 'anderen' lernt und bildet."[105]

Zusammengefaßt liegen dem Nutzenansatz folgende Annahmen zugrunde:

- Der Rezipient entscheidet aktiv über die Rezeption bzw. Nutzung von Medien und Medieninhalten; er bringt also eine eigenständige Selektion auf.
- "Die Handlungen des Publikums erfolgen zielgerichtet und intentional.

---

[104] C. F. Graumann: Interaktion und Kommunikation, S. 1127
[105] W. Teichert: „Fernsehen" als soziales Handeln, S. 375

- Die Zuwendung zu Medien wird gesteuert durch einen Typus von Nutzen-Kalkulation.
- Medien-Nutzung stellt einen Akt der Bedürfnisbefriedigung dar und ist von daher nur im Kontext alternativer Möglichkeiten zur Bedürfnisbefriedigung zu verstehen."[106]

Nun wurde allerdings der Nutzenansatz nicht uneingeschränkt akzeptiert. Einwände, Bedenken, Kritik blieben nicht aus. Hier die wichtigsten Punkte:

Der Nutzenansatz ist nicht gar so neu, wie einige Forscher glauben machen wollen. Beispielsweise hat man in der Kommunikationswissenschaft schon lange vor der "Erfindung" des Nutzenansatzes auf die psychologische Lehre von den Bedürfnissen zurückgegriffen und die Funktionen der Medien für die Rezipienten untersucht. Nicht neu ist ferner die Erkenntnis, daß der Mensch Distanz zu den Gegenständen hat, daß er selbst die Dinge zu Objekten macht, daß er seine Situation definiert, daß sein Wahrnehmen und Erleben nicht als passives Rezipieren und auch nicht als mechanistisches Reagieren auf Reize zu verstehen ist. Diese und andere Komponenten des Nutzenansatzes wurden bereits ausgiebig behandelt in der psychologischen, philosophischen und anthropologischen Literatur der ersten Hälfte unseres Jahrhundert.

Kritisiert wurde ferner die Überbewertung des Nutzenansatzes, die bei einigen Wissenschaftlern so weit ging, daß sie meinten, man müsse den gesamten Wirkungsansatz durch den Nutzenansatz ersetzen. Wer so denkt, schüttet das Kind

---

[106] K. Merten: Vom Nutzen des „Uses and Gratifications Approach", S. 66

mit dem Bade aus, denn auf diese Weise bekäme er – wie zuvor umgekehrt beim Wirkungsansatz – wieder nur einen Teil des Gesamtfeldes der Massenkommunikation in den Blick. – Inzwischen gilt allgemein, daß der Nutzenansatz den Wirkungsansatz nicht ersetzen, wohl aber sehr sinnvoll ergänzen kann.

6.2.5 Systemansatz

In ihrer Anfangszeit war die Kommunikationswissenschaft stark psychologisch orientiert. Zwar waren auf ihrem Gebiet auch damals schon namhafte Soziologen tätig, doch dominierte insgesamt die psychologische Sichtweise, als deren Hauptvertreter Carl I. Hovland zu nennen ist. Der Blick dieser Forschungsrichtung war vor allem auf den Rezipienten gerichtet; ihn verstand man dabei primär als "Objekt" von Beeinflussungsversuchen unter politischer, pädagogischer und werblich-ökonomischer Zielsetzung. Auch sozialpsychologische Aspekte fanden Eingang in die Kommunikationsforschung, etwa indem man nach den Beziehungen zwischen Kommunikator und Rezipient fragte.

Immer stärker meldeten sich dann auch Soziologen zu Wort und wiesen darauf hin, daß die Psychologie stets nur einen Teil des Gesamtphänomens Massenkommunikation erfassen kann. Ihr entziehen sich insbesondere die größeren gesellschaftlichen Zusammenhänge, in die das Mediensystem eingebettet ist. Vernachlässigt werden von psychologischer Seite her die Funktionen, Leistungen, Defizite und Auswirkungen der Massenkommunikation im Rahmen der

Gesamtgesellschaft, und zudem bleiben dort auch die institutionellen Probleme der Massenmedien unberücksichtigt.

Diese Überlegungen resultierten in der Forderung nach einer mehr soziologischen Orientierung der Kommunikationswissenschaft, nach einem soziologischen Ansatz, dessen Perspektive etwa so zu beschreiben ist: "Massenmedien werden nicht mehr nur als Techniken der Kommunikation, d.h. als neutrale Instrumente zur Verbreitung und Speicherung von Informationen gesehen, sondern eher als Instanzen der Selektion und Sinngebung, die aktiv in die gesellschaftliche Konstruktion von Wirklichkeit eingreifen. Massenmedien werden nicht mehr nur als eine Errungenschaft der modernen Zivilisation gesehen, die der einzelne je nach Bedarf in Anspruch nehmen oder ignorieren kann, sondern eher als Institution mit unverzichtbaren Leistungen für das soziale System und einer direkten oder indirekten Allgegenwart, der sich der einzelne nicht beliebig entziehen kann."[107]

Im Rahmen des stärkeren soziologischen Einflusses drang auch das Systemdenken in die Kommunikationswissenschaft ein. Die allgemeine sozialwissenschaftliche Systemlehre, wie sie vor allem von Talcott Parsons und Niklas Luhmann entwickelt worden war, wurde nun – insbesondere von Manfred Rühl[108] – auch für kommunikationswissenschaftliche Fragestellungen nutzbar gemacht.

Stark vereinfacht ist ein System eine Menge von Elementen, zwischen denen Wechselbeziehungen bestehen. Anspruchsvollere Theoretiker sehen die Dinge komplizierter: Ein System konstituiert sich durch die Abgrenzung von sei-

---

[107] W. Schulz: Fortschritte der Medienwirkungsforschung, S. 68
[108] M. Rühl: Journalismus und Gesellschaft

ner Umwelt und durch seine Beziehungen zu der abgegrenzten Umwelt; somit "bezeichnet System einen ganzheitlichen Zusammenhang von Teilen, deren Beziehungen untereinander quantitativ intensiver und qualitativ produktiver sind als ihre Beziehungen zu anderen Elementen. Diese Unterschiedlichkeit der Beziehungen konstituiert eine Systemgrenze, die System und Umwelt des Systems trennt."[109] "Die neuere Systemtheorie ist eine Theorie der Beziehungen zwischen System und Umwelt in dem Sinne, als sie die herkömmliche analytische Isolierung von Einzelsystemen überwinden will und Systeme immer nur im Zusammenhang mit ihrer jeweiligen Umwelt zu erfassen sucht."[110]

Ein Grundsatz der sozialwissenschaftlichen Systemlehre lautet: "Sozialsysteme bestehen nicht aus Personen, sondern immer aus konkreten Handlungen. Personen sind – systemtheoretisch gesprochen – Aktionssysteme eigener Art, die durch einzelne Handlungen mit unterschiedlichen Sozialsystemen verflochten sind; ein soziales System umfaßt nämlich keineswegs alle Handlungen einer beteiligten Person."[111] Das bedeutet: Die Person, die den Brennpunkt psychologischer Ansätze bildet, wird in der soziologischen Systemforschung bedeutungslos; sie führt allenfalls noch ein Schattendasein als ein System unter anderen. Das System ist hier die gültige Einheit, der sich alles andere einzufügen hat.

Etwas konkreter betrachtet ist nach alledem Massenkommunikation zu verstehen als ein gesellschaftliches

---

[109] H. Willke: Systemtheorie, S. 149
[110] a.a.O., S. 36
[111] R. Burkart: Kommunikationswissenschaft, S. 221

Teilsystem, das einerseits nach innen aus Subsystemen besteht und andererseits nach außen hin mit anderen Systemen in Wechselbeziehungen steht, und zwar in der horizontalen wie auch in der vertikalen Dimension. Horizontal sind Systeme mit anderen Systemen der gleichen Ebene verbunden. In der Vertikalen lassen sich Systeme als eine Hierarchie verstehen, bestehend aus umfassenderen, übergeordneten Systemen und aus Sub- oder Teilsystemen. Jedes System, das der Analytiker als gedankliches Konstrukt ausgliedert, ist je nach der Sichtweise als größeres oder als untergeordnetes System zu denken.

Der Systemansatz, obwohl von den meisten Kommunikationsforschern durchaus als nützlich betrachtet, wird zum Teil nur mit Einschränkungen akzeptiert. Die wichtigsten Einwände lauten: Das Systemkonzept ist derart formal, abstrakt, leer, daß man es auf nahezu jedes denkbare Phänomen anwenden kann. Schließlich erscheint es bedenklich, wenn die Person ganz aus der Systemlehre verbannt wird. Wer nicht nur an der Gesellschaft, sondern auch am Menschen als Individuum und Person interessiert ist, wird sich schwerlich mit dieser engen Sichtweise abfinden können.

6.2.6 Konstruktivismus

Der Begriff "Konstruktivismus" diente ursprünglich als Bezeichnung für eine bestimmte Kunstrichtung zu Beginn des 20. Jahrhundert. In den Sozialwissenschaften ist dieses Wort erst seit wenigen Jahrzehnten gebräuchlich, und zwar in einer ganz anderen, eigenen Bedeutung. Auch die Kommunikationswissenschaft hat sich diesen Begriff zu eigen gemacht; allerdings betrachten und bezeichnen sich nur relativ wenige Kommunikationsforscher ausdrücklich selbst als "Konstruktivisten", und diese wenigen fügen meistens noch das Adjektiv "radikal" hinzu; sie vertreten einen "radikalen Konstruktivismus". Diese Wortbildung macht freilich nur Sinn, wenn dem die Position eines "gemäßigten Konstruktivismus" gegenübersteht, von dem allerdings kaum einmal die Rede ist.

Die Verhältnisse sind offensichtlich einigermaßen verwickelt, und es ist nicht ganz einfach, sie in der hier gebotenen Kürze zu klären. Wir wollen es versuchen.

Der Ausgangspunkt und Grundgedanke des gemäßigten Konstruktivismus ist in der Psychologie wie auch in der Philosophie und Anthropologie schon seit langem bekannt, die Einsicht nämlich, daß der Mensch in seinem Erleben und Verhalten und insbesondere im Wahrnehmen nicht als passiv rezipierendes Wesen zu verstehen ist, sondern daß er aus dem "Material", das ihm seine Sinne liefern, sich durch Selektion, Projektion, Bedeutungszuweisung und Sinngebung seine Welt aktiv aufbaut; er "konstruiert" seine Welt, und zwar auf je eigene individuelle Art und Weise, freilich überformt von sozialen und kulturellen Gegebenheiten. Diese Auffassung wird heute in allen Sozialwissenschaften nahezu einhellig akzeptiert.

Die so skizzierte Position des gemäßigten Konstruktivismus läßt freilich zunächst noch eine wichtige Frage offen, die Frage nämlich, ob die Welt wirklich so ist, wie wir aufgrund unserer Erfahrung annehmen. Und ein wenig weiter gedacht stellt sich die Frage, ob und wie es überhaupt möglich ist, daß wir etwas von der "wirklichen Wirklichkeit" erfahren und wissen. Das ist das Grundproblem der Erkenntnistheorie, ein Problem, mit dem sich Denker aller Zeiten und Völker beschäftigt haben. Wichtig ist in unserem Zusammenhang dies: Die gemäßigten Konstruktivisten bejahen grundsätzlich die Möglichkeit, daß wir Menschen etwas über die "wirkliche" Welt erfahren. Allerdings schränken sie diese Möglichkeit ein mit dem Hinweis darauf, daß dieses Erfahren bestimmt und begrenzt ist durch den "Weltbildapparat", wie er sich beim Menschen im Verlauf der Evolution herausgebildet hat.[112]

An dieser Stelle, eben bei der Frage nach der Möglichkeit des Menschen, Welt zu erkennen, also etwas über die "wirkliche Wirklichkeit" zu wissen, setzt nun der radikale Konstruktivismus ein mit einer tatsächlich radikalen Position. Die Verfechter dieser Theorie gehen von einem Ansatz aus, den sie von Neurobiologen wie Maturana, Varela[113] und anderen übernommen und auf das Feld der Sozialwissenschaften angewandt haben. Danach ist der Mensch zu denken als ein autopoietisches, selbstreferentielles, in sich geschlossenes System. Als ein solches weiß er immer nur etwas von sich selbst, niemals aber etwas über die Realität außerhalb seiner selbst. Zwar leugnen die "Radikalen" nicht die Existenz dieser Realität, aber sie sprechen dem Menschen grundsätzlich die Möglichkeit ab, etwas darüber zu erfahren und zu wissen, wie die wirkliche Realität beschaffen ist. Sie vertreten also einen erkenntnistheoretischen Agnostizismus. "Der Konstruktivismus postuliert, daß wir – nach den Operationsweisen unserer Ge-

---

[112] Dazu u.a. W. J. Patzelt: Sozialwissenschaftliche Forschungslogik, S. 61ff
[113] Dazu als gute Einführung H. R. Maturana und F. J. Varela: Der Baum der Erkenntis

hirne – nur Modelle von Wirklichkeit entwerfen, nicht aber auf 'die Realität' direkt zugreifen können. Bei dieser Wirklichkeitskonstruktion geht es nicht um absolute Maßstäbe wie 'wahr' oder 'richtig', sondern um subjektabhängige Wirklichkeiten, mit deren Hilfe der einzelne Mensch in der prinzipiell unzugänglichen Realität durchkommt."[114]

Die Sichtweise des radikalen Konstruktivismus ist für den unbefangenen "Laien", aber auch für etliche Wissenschaftler nur schwer nachvollziehbar. Sie fragen etwa, wie es auf dem Boden dieser Theorie verständlich ist, daß der Mensch die Welt als ein sinnvolles strukturiertes Dadraußen erlebt, daß ferner Menschen miteinander kommunizieren – es lassen sich noch viele Fragen dieser Art formulieren. Die radikalen Konstruktivisten haben für alle diese Fragen Antworten parat. Sie müssen freilich viel Mühe und Anstrengung aufwenden, um sich "naiven" Außenstehenden verständlich zu machen und diesen "Laien" plausible Erklärungen für deren Alltagsphänomene zu liefern.

In der Kommunikationswissenschaft gibt es eine kleine Gruppe von renommierten Forschern, die sich dem radikalen Konstruktivismus verschrieben haben und diese Position mit Vehemenz und viel Scharfsinn verteidigen.[115] In der Kommunikationswissenschaft geht es dabei vor allem um zwei eng miteinander zusammenhängende Fragen:

Erstens: Wenn die Medien über die Realität berichten, über eine Realität, von der wir angeblich grundsätzlich nichts wissen können, was ist denn dann das, worüber die

---

[114] S. Weischenberg: Journalistik, Band 1, S. 60
[115] K. Merten; S. J. Schmidt und S. Weischenberg (Hg.): Die Wirklichkeit der Medien

Medien berichten? Der radikale Konstruktivist antwortet etwa so: "Eine konstruktivistische Medientheorie versteht Medien nicht als technische Einrichtungen, die Botschaften versenden oder Informationen transportieren, sondern als (operativ geschlossene) soziale Systeme, die – nach ihren internen Strukturen – Wirklichkeitsentwürfe anbieten. In diesem Sinne ist auch der Journalismus nicht als Transportunternehmen, sondern als soziales System zu verstehen, das auf der Grundlage von Selbstorganisation selbstreferentiell operiert."[116] Mit anderen Worten: Aus dieser Sicht sind Medienaussagen niemals als Aussagen über die Wirklichkeit zu verstehen, sondern nur als Angebote oder "Modelle", die von autopoietischen Systemen für autopoietische Systeme konstruiert sind.

Zweitens: Wenn wir von der Realität nichts wissen können, entfällt eigentlich jede Möglichkeit, die in den Medienaussagen gezeigte Welt, die "Medienrealität" mit der "wirklichen Wirklichkeit" zu vergleichen; es entfällt eigentlich die Berechtigung, etwa die Ergebnisse von Inhaltsanalysen mit entsprechenden Daten über die "tatsächliche" Realität zu vergleichen, um zu prüfen, ob und wie die Medienrealität von der "wirklichen" Realität abweicht. Die radikalen Konstruktivisten schaffen dies Problem aus der Welt mit dem Argument, daß schließlich beide Welten, um die es hier geht, lediglich "Konstruktionen" des Menschen sind. – Sobald jedoch die Frage nach der "Objektivität" von Berichten in den Medien gestellt wird, erklären

---

[116] S. Weischenberg: Die Medien und die Köpfe, S. 128f. Dazu auch weitere Beiträge in: G. Bentele und M. Rühl (Hg.): Theorien öffentlicher Kommunikation

die "Radikalen" unumwunden: Da wir von der "objektiven" Realität grundsätzlich nichts wissen können, erweist sich die Frage nach einer objektiven Berichterstattung von vorneherein als sinn- und gegenstandslos.

6.2.7 Kritische Theorien

Hinter dem Begriff "Kritische Theorien" verbergen sich verschiedene Gruppierungen, die sich zwar in einer Reihe von Grundfragen einig sind, in Einzelaspekten aber zum Teil beträchtlich voneinander abweichen und sich nicht selten heftig befehden. Auf diese Differenzierungen können wir hier nicht eingehen. Es muß genügen, die wichtigsten Gemeinsamkeiten darzustellen. Lediglich auf eine spezielle Richtung, nämlich auf die "dialektisch-kritische" oder auch "kritisch-materialistische" Medientheorie, wird gesondert hingewiesen.

Ein Kennzeichen kritischer Ansätze ist ihre gesellschaftlich-politische Orientierung. Fast alle greifen auf die Lehre der "Frankfurter Schule" (Horkheimer, Adorno u.a.) zurück, und viele von ihnen lehnen sich an Habermas' "Theorie des kommunikativen Handelns" an.[117] Den Ausgangspunkt der kritischen Sichtweise bildet die Tatsache, daß es sich bei sozialen Beziehungen – also auch in der Massenkommunikation – um Herrschaftsverhältnisse handelt, um Strukturen und Prozesse also, die nicht mit den Vorstellungen von Gleichheit und Demokratie übereinstimmen und deshalb geändert werden müssen. Die Medien mitsamt ih-

---

[117] J. Habermas: Theorie des kommunikativen Handelns

rem Publikum sind in diese Strukturen eingebettet, beeinflussen und verändern sie aber auch. Diese Strukturen und
Prozesse sind Gegenstand der kritischen Medienforschung.
Stichworte sind dabei: Besitzverhältnisse, Produktionsbe-
dingungen, Kontrollmöglichkeiten, Interessenkonstellatio-
nen, Bedürfnisse der Menschen, Teilhabe an den Medien.
"Kritische" Kommunikationsforscher stellen Fragen "about
media ownership and control, the formulation of communication policy, decision making in policy formulation, jour-
nalistic values, qualitative analyses of content, the agen-
da-setting function of the media, the role of the media in
the formation of social consciousness, the relationship between the media and other institutions and between the communication process and other social processes, and interna-
tional communication patterns."[118]

Die Grundpositionen der kritischen Medientheorie lassen sich kurz so charakterisieren:

- "Die positivistische Kommunikationsforschung wird auf
  ihre politischen Implikationen hin analysiert, ihr sy-
  stemdeckender uns systemstabilisierender Charakter of-
  fengelegt.
- Es wird verdeutlicht, wie bedeutend die Kritik der politischen Ökonomie eines bestehenden Systems für die
  analytische Durchdringung seiner Kommunikations-
  struktur ist.
- Massenmedien und Gesellschaft werden aufeinander bezogen und auf Veränderungsmöglichkeiten hin untersucht.

---

[118] J. D. Halloran: The context of mass communication research, S. 31

- Das Phänomen 'Öffentlichkeit' wird über die bestehenden, diffusen Theorien der öffentlichen Meinung hinaus kritisch erforscht.
- Die Bedürfnisse des Bürgers, seine Erfahrungswelt, seine
Fähigkeiten, seine unverbrauchten Reserven an Kreati-
vität und Spontaneität werden 'entdeckt' und angesprochen.
- Kommunikatoren, Rezipienten und Kommunikationsforscher werden in einen gemeinsamen kommunikativen Zusammenhang gestellt."[119]

Die Mehrzahl der "kritischen" Wissenschaftler steht dem
"Positivismus" oder "Szientismus" skeptisch gegenüber.
Kritik üben sie zum einen an dessen neutral-distanzierter,
"objektivistischer" Einstellung zum Untersuchungsgegenstand; zweitens meinen sie, die "Positivisten" stellen oft
nicht die richtigen, nämlich die gesellschaftlich relevanten kritischen Fragen; und schließlich werfen sie den "Positivisten" vor, sie hätten sich mit den Herrschenden ar-
rangiert, stellten ihre Forschung in den Dienst der Herr-
schaftsinteressen und stabilisierten damit das etablierte
System. Wissenschaft müsse jedoch "kritisch" sein, und das
heißt aus dieser Sicht: Sie muß die wahren Verhältnisse
aufdecken und dadurch das vorhandene System in Frage
stellen und überwinden.

Die "Positivisten" wiederum streiten oft der kritischen
Richtung die Wissenschaftlichkeit ab; sie bezweifeln die
empirische Verläßlichkeit kritischer Theorien; und sie be-

---

[119] K. Koszyk und K. H. Pruys: Handbuch der Massenkommunikation,
S. 131f

mängeln die Absolutheit und Wahrheitsgewißheit, mit der so manche kritisch orientierten Forscher ihre Ansätze und Resultate präsentieren, eine Gewißheit, die dem herkömmlichen Selbstverständnis der Wissenschaft fremd ist.

*

Die "dialektisch-kritische" oder "kritisch-materialistische" Richtung teilt im wesentlichen die Positionen der allgemeinen kritischen Gesellschaftstheorie. Dabei findet sich jedoch ihre Ausgangsbasis in der marxistisch-dialektisch-materialistischen Lehre. Angesichts der gesellschaftlichen Widersprüche ist für sie ein dialektisches Denken das angemessene Werkzeug. Auch ihr Vokabular stammt vorwiegend aus dem Marxismus.

Ihre medientheoretische Grundaussage lautet: Kommunikation dient der Klasse, die über die Produktionsmittel verfügt, als Herrschaftsinstrument. Als Folge der Kapitalstruktur ist das Bürgertum in den öffentlichen Einflußmöglichkeiten privilegiert, und es versucht, die Lohnabhängigen "von der Teilnahme an politischen Entscheidungen im Prozeß gesamtgesellschaftlicher Meinungsbildung auszuschließen."[120] Aufgabe der sozialwissenschaftlichen Forschung muß es demzufolge sein, "die Gesellschafts- und Herrschaftsstrukturen zu erfassen, die das Massenkommunikationssystem vorrangig den Interessen des Kapitals und politischen Machtgruppen ausliefert."[121]

---

[120] W. Scharf und O. Schlie: Zur Diskussion wissenschaftstheoretischer Probleme in Publizistik- und Kommunikationswissenschaft, S. 66

[121] a.a.O., S. 69

Daraus ergibt sich für die Handlungsorientierung die Aufgabe, "eine durch die Medien in Gang gesetzte Entwicklung proletarischer Öffentlichkeit in die Wege zu leiten."[122] Voraussetzung dafür ist "das Aufdecken der Verschleierung von Klassengegensätzen."[123]

6.2.8   Theorie der kognitiven Dissonanz

Abschießend sei hier noch kurz eine Theorie erwähnt, die eigentlich und ursprünglich einen rein psychologischen Ansatz darstellte und zunächst mit kommunikationswissenschaftlichen Fragen nicht zu tun hatte. Es stellte sich dann jedoch heraus, daß es sinnvoll und nützlich ist, wenn die Kommunikationswissenschaft diese Theorie aufgreift und auf ihre eigenen Fragestellungen anwendet.

Seitdem sich die Wissenschaft bemüht festzustellen, wie die Medien auf die Menschen einwirken, geht es vor allem um die Frage, wie der Rezipient auf die Aussagen, die ihm durch Massenmedien vermittelt werden, reagiert. Oder in der Fachsprache: Welche Variablen auf seiten des Rezipienten bestimmen die Medienwirkungen? Es liegt auf der Hand, daß die Kommunikationswissenschaft sich bei dieser Fragestellung Rat und Hilfe bei der Psychologie holen muß. Ein wichtiges psychologisches Konzept ist in diesem Zusammenhang die "Theorie der kognitiven Dissonanz".[124] Bedeutsam ist dieses Konzept vor allem deshalb, weil es

---

[122] K. Koszyk und K. H. Pruys: a.a.O., S. 131f
[123] R. Burkhart: Kommunikationswissenschaft, S. 220
[124] L. Festinger: A theory of cognitive dissonance

den Medien eine weitaus geringere Wirkmacht zuschreibt, als man zunächst angenommen hatte. Die Lehre von der kognitiven Dissonanz (und Konsonanz) verweist nämlich auf Rezipientenvariablen, die direkte Medienwirkungen verhindern oder doch vermindern. So spricht man in der Wissenschaft hier auch von "Gegenkräften" oder "Korreturfaktoren".[125]

Die Grundgedanken kamen – wie gesagt – von der Psychologie her. Dort hatten in den vierziger und fünfziger Jahren etliche Forscher – Newcomb, Osgood und Tannenbaum, Festinger u.a. – neue Vorstellungen darüber entwickelt, wie der Mensch seine Begegnung mit der Welt "organisiert", wie er mit der Welt "umgeht", was er von sich aus mit dem anfängt, was von außen an ihn herangetragen wird. Das leitende psychologische Prinzip, zuvor bereits in der Biologie benutzt, ist dabei die Annahme, der Mensch strebe nach Ausgleich und Gleichgewicht (Homöostase); und dementsprechend versuche er, Ungleichgewicht zu vermeiden oder – sofern es sich eingestellt hat – wieder zu beseitigen.[126] Der Mensch erlebt ein kognitives Ungleichgewicht zwischen verschiedenen Teilen, Aspekten, Bereichen seines kognitiven Erlebens als "dissonant", als störend und beunruhigend; er strebt nach "kognitiver Konsonanz".

Diese Anschauung läßt sich nun auch auf die Massenkommunikation anwenden, und zwar auf die Frage, wie der Mensch mit den angebotenen Aussagen umgeht. Mit der Lehre von der kognitiven Dissonanz bot sich hier den Kommuni-

---

[125] Dazu auch Abschnitt 5.3
[126] Dazu auch E. G. Bormann: Communication theory, S. 170ff – C. F. Graumann: Interaktion und Kommunikation, S. 1176ff

kationsforschern ein willkommenes Erklärungsinstrument an:

Der erwachsene Mensch begegnet den Aussagen der Massenmedien nicht als "tabula rasa", sondern mit bereits vorhandenen Meinungen und Attitüden, mit einer im Laufe des Lebens gewachsenen und oft sehr verfestigten Struktur von Bewertungs- und Reaktionsdispositionen. Das bedeutet: Vielen meinungsbildenden Aussagen steht der Mensch bereits vorgeformt und in bestimmte Richtungen tendierend gegenüber. Das wirkt sich aus sowohl bei der Auswahl dessen, was er auf sich einwirken lassen will als auch im Wahrnehmen, Erleben, Verarbeiten und Bewerten der Aussage. Der Mensch versucht, im Wahrnehmen und Verhalten Dissonanzen zu vermeiden zwischen dem, was ihm in der Umwelt begegnet, und der präexistenten Attitüdenstruktur. Er ist bestrebt, kognitive Dissonanzen zu verhindern, und er organisiert sein Erleben und Verhalten auf eine kognitive Konsonanz hin.

Dieser Vorgang hat weitreichende Konsequenzen für die Massenkommunikation: Viele Aussagen erreichen überhaupt nicht das angezielte Publikum, weil die potentiellen Rezipienten schon vorher annehmen und befürchten, durch diese Aussagen in ihren bereits vorhandenen Ansichten gestört zu werden; sie lassen die Aussagen, wenn möglich, gar nicht erst an sich herankommen. So ist es zu verstehen, daß die Bürger im Wahlkampf meist nur Aussagen ihrer favorisierten Partei konsumieren. Deshalb beschränkt sich heute die Wahlpropaganda meist darauf, die bereits festgelegten Wähler in ihren Ansichten zu festigen und die Unentschlossenen zu sich herüberzuziehen. Der Versuch, politische Gegner nur durch Aussagen der Medien zu "bekehren", gilt als ziemlich hoffnungslos.

Das Konzept vom Streben nach kognitiver Konsonanz besagt also: Die Beeinflussung ist in der Regel umso stärker, je mehr die empfangenen Aussagen mit den schon vorhandenen Attitüden des Rezipienten übereinstimmen. Starke Wirkungen sind ferner möglich, wenn sich der Rezipient in der Angelegenheit, um die es in der Aussage geht, noch nicht festgelegt hat oder wenn er sich überhaupt noch nicht mit dem betreffenden Gegenstand befaßt hat.

Auf einen günstigen Boden fallen die Aussagen auch dann, wenn – wie beispielsweise oft beim Kauf von Konsumgütern – die Entscheidungen marginaler Natur sind, wenn also keine großen Veränderungen der Attitüdenstruktur zu erwarten sind. In diesen Fällen hat der Mensch keine ernsthafte Dissonanz zu befürchten, und so setzt er den Beeinflussungsversuchen weniger Widerstand entgegen.

Bei einer krassen Dissonanz zwischen der Aussage und den präexistenten Dispositionen jedoch kommen entweder gar keine Wirkungen zustande oder die Wirkungen laufen den Intentionen des Kommunikators zuwider ("Bumerang-Effekt").

Allerdings bietet auch die Theorie von der kognitiven Dissonanz Ansatzpunkte für Kritik. Zwar wird nicht bestritten, daß es eine Tendenz zu kognitiver Konsonanz gibt und daß dieses Konzept erlaubt, eine Reihe von Kommunikationsphänomenen sinnvoll zu interpretieren, doch häufen sich Beobachtungen und Studien, deren Ergebnisse sich nicht mit der Dissonanztheorie vereinbaren lassen. Man muß also die Dinge differenzierter sehen: Offensichtlich sind bei kognitiven Vorgängen noch andere Momente beteilig, so zum Beispiel reines Zweckdenken, das es ratsam erscheinen läßt, auch unangenehme Aussagen zur Kenntnis zu nehmen, aber auch Neugier, ethische Prinzipien, religiöse Normen usw.. Es gibt also neben dem Streben nach Konsonanz noch andere psychische "Kräfte", die unter bestimmten Bedingungen stärker sind und das Individuum veranlassen, sogar noch ein Anwachsen der Dissonanz auf sich zu nehmen. In der Tat wäre zu fragen, wie denn Wandel, Entwicklung, Neuerungen in der Menschheit möglich wären, wenn die Menschen immer nur versuchten, jede kognitive Dissonanz zu vermeiden.

Insgesamt gehört das Konzept von der kognitiven Dissonanz zu jenen in der Kommunikationswissenschaft nicht seltenen Ansätzen, die zunächst mit Begeisterung aufgenommen wurden, sich schnell verbreiteten und manchem Forscher wie eine wissenschaftliche Revolution, wie ein Paradigmenwechsel erschienen. In der Regel – so auch hier – erweisen sich dann diese Konzepte als vielfach eingeschränkt, also keinesfalls als so "revolutionär", wie sie anfangs erschienen waren. Sie werden zwar nicht bedeutungslos oder überflüssig, vielmehr gehen sie mit begrenzter Reichweite und Tragfähigkeit in das Gesamtsystem der "geltenden" Sätze über einen wissenschaftlichen Sachbereich ein. Dort werden sie in den meisten Fällen gleichsam "aufgehoben" im dreifachen Sinne des negare, conservare, elevare. – So kommt dem Konzept von der kognitiven Dissonanz in der heutigen Kommunikationswissenschaft eine wichtige, nicht aber eine grundlegende Bedeutung zu. Der Ansatz ist als Versuch zu verstehen, bestimmte Kommunikationsphänomene besser erklären und interpretieren zu können.

7. Forschungsaspekte

7.1 Forschungsstrategie

Die Frage nach einer Forschungsstrategie wurde in der Kommunikationswissenschaft bislang nur ganz selten angesprochen. Offensichtlich ist sie für die Mehrzahl der Forscher uninteressant; das ist durchaus verständlich, denn auch ohne sich um dieses Thema zu kümmern, kann man erfolgreich forschen. Dennoch sollten wir die Bedeutung dieser Frage nicht gering einschätzen, denn für den Fortgang einer Wissenschaft kann es einen Unterschied machen, ob ihre Forschungsthemen beliebig punktuell ansetzen oder ob dahinter gemeinsame Vorstellungen darüber stehen, was man tun und was man damit erreichen will. Es lohnt sich also, der Forschungsstrategie einige Aufmerksamkeit zu widmen.

Unter Strategie verstehen wir das rationale, planmäßige Entwerfen und Setzen von Zielen sowie das Bestimmen der Wege und Mittel zum Erreichen der gesetzten Ziele. In diesem Sinne kann von einer Forschungsstrategie in der Kommunikationswissenschaft kaum die Rede sein. Ein Vorgehen im strengen Sinne des Wortes "Strategie" entfällt schon deshalb, weil sich diese Wissenschaft bislang kaum explizite lang- oder mittelfristige Ziele oder gar Zielsysteme gesetzt hat. Insgesamt bietet die Kommunikationswissenschaft heute, auf ihre Forschungsstrategie hin be-

fragt, ein Bild punktuell angelegter, weithin zusammen-
hangloser und oft zufallsbedingter Einzelarbeiten. Von einer Gesamtkonzeption ist schwerlich etwas zu erkennen.
Die Kommunikationswissenschaft bedarf somit einer Forschungsstrategie.

Wie in jeder Strategie gilt es auch hier, drei Schritte zu
unternehmen, nämlich

- das Bestimmen der Ziele
- eine Analyse der Ausgangssituation
- die Wahl der Mittel, Wege, Instrumente, mit deren Einsatz man von der Ausgangssituation aus die gesetzten
  Ziele erreichen will.

Zu den Zielen

Ziele sind Zustände, die man erreichen will. So unproble-
matisch Ziele und Zielfindung auf den ersten Blick erscheinen mögen, so erweisen sie sich doch bei näherem Zusehen
als höchst komplex und der Analyse schwer zugänglich. Die
grundlegende, zunächst überraschende Einsicht, aus der heraus die ersten Ansätze zu einer systematischen Zielforschung entstanden, ist die, daß die meisten Institutionen,
auch in der Forschung, mit sehr unklaren, vagen und impli-
ziten Zielen arbeiten. In erstaunlich wenigen Fällen legt
man die zu erreichenden Ziele ausdrücklich und präzise
fest. Man begnügt sich in der Regel mit sehr allgemeinen
Formulierungen. Diese Einsicht hat – zunächst in der Volks-
wirtschaftslehre – zu einer Zielforschung geführt, die for-
malisiert angibt, wie Ziele zu bestimmen und zu operatio-
nalisieren sind. Eine Forschungsstrategie der Kommunika-

tionswissenschaft hätte sich in ihrem ersten Schritt dieser Erkenntnisse zu bedienen.

Analyse der Ausgangssituation

Ausgangspunkt einer strategischen Planung ist die Situation hier und jetzt, und das ist in unserem Falle der gegenwärtige Stand der Kommunikationsforschung. Nun hat die empirische Kommunikationswissenschaft, wenngleich noch recht jung, bereits eine derartige Menge von Arbeiten verschiedenster Art hervorgebracht, daß sich wohl niemand mehr rühmen kann, den gegenwärtigen Forschungsstand voll zu überblicken. Hier hätte eine umfassende Bestandsaufnahme einzusetzen, ein zweifellos schwieriges und langwieriges Unterfangen. Eine solche Bestandsaufnahme bedarf eines Gerüstes, einer systematischen Ordnung. Dem Zweck, Ordnung und Überschaubarkeit in den Gegenstand der Kommunikationsforschung zu bringen, dienen Modelle. Modelle machen nicht nur die Hauptfaktoren des Gegenstandsfeldes sichtbar, sie können auch als heuristische Suchschemata dienen, das heißt zum Aufdecken neuer Forschungsfragen führen. Und schließlich können sie als Schema dafür benutzt werden, herauszufinden, wie das heute vorliegende Forschungsmaterial sich strukturell und quantitativ auf die verschiedenen Faktoren und Relationen des im Schema repräsentierten Feldes verteilt. Führte man eine solche Analyse umfassend durch, so würde deutlich werden, welche Teilaspekte der Kommunikation bisher häufig und ausgiebig, welche relativ selten und welche schließlich überhaupt noch nicht behandelt worden sind. Eine derartige Bestandsaufnahme anhand eines Modells ist in der Kommunikationswissenschaft überfällig. Dabei wäre es zweckmä-

ßig, ein möglichst weit ausdifferenziertes Modell zu benutzen, das alle relevanten Faktoren und Momente berücksichtigt.

Freilich wäre dann noch ein weiterer bedeutsamer, aber
auch schwieriger Schritt zu tun: Die einzelnen aus der Analyse resultierenden Aufgaben können nicht alle sofort und
gleichzeitig in Angriff genommen werden. Angesichts der
Begrenztheit der Forschungskapazitäten gilt es auszuwählen und Prioritäten zu setzen.

Zu den Mitteln
Der dritte und letzte Schritt strategischen Planens besteht
in der Wahl der Instrumente, Mittel, Wege, mit denen – im
Prozeß der "Implementation" – planmäßig Ziele erreicht
werden sollen. Dabei erscheint es sinnvoll und zweckmäßig,
zwischen Instrumenten auf der Mikro- und auf der Makroebene zu unterscheiden. Auf der Mikroebene dienen als
Mittel zum Erreichen von Teil- oder Unterzielen die verfügbaren oder noch zu entwickelnden Forschungsmethoden. Als
Makroebene verstehen wir die Wissenschaft als gesellschaftliche Institution, die ihre Ziele nicht nur durch Ein-
zelforschung ansteuert, sondern auch durch eine Reihe von
Institutionen (wissenschaftliche Vereinigungen, Stiftungen
u.ä.) und Maßnahmen (Kongresse, Publikationen, Public Relations). Alle diese Instrumente gälte es zu sichten, zu systematisieren und unter der Fragestellung zu prüfen, welche
Mittel für das Erreichen welcher Ziele geeignet oder unge-
eignet sind.

Soviel in aller Kürze über das formale Grundgerüst einer
Forschungsstrategie. Zu ergänzen ist noch, daß Strategie eine Aufgabe darstellt, die nicht mit einem einmaligen Akt

erledigt ist. Sobald die Implementation beginnt, wandelt sich ständig die jeweilige Ausgangssituation; die Ziele können sich im zeitlichen Verlauf ändern, sei es inhaltlich oder sei es in ihrer Gewichtung; neue Realisierungsmöglichkeiten, neue Wege der Implementation können sich auftun etc... Das bedeutet: Strategie ist eine kontinuierlich sich fortsetzende und sich ständig wandelnde Aufgabe.

Nun wäre es sicher illusorisch, bei dem gegenwärtigen Stande der Kommunikationsforschung zu glauben, diese Wissenschaft werde in absehbarer Zeit eine Forschungsstrategie entwickeln. Dem einzelnen Forscher liegen in der Regel seine eigenen, meist thematisch und methodisch eng begrenzten Forschungsvorhaben näher als eine umfassende Strategie seiner Disziplin. Und zudem kann Strategie als rationale Planung für diejenigen, die nach "strategischen" Gesichtspunkten arbeiten sollen, durchaus auch eine Einengung, ein Einschränken ihrer Entscheidungsfreiheit bedeuten. Doch erscheint zum mindesten eines wünschenswert: daß nämlich die Kommunikationswissenschaftler sich der Strategielosigkeit ihrer Disziplin bewußt sind und daß sie aus diesem Wissen heraus zu mehr Kooperation und Koordination ihrer Forschung, und das heißt zu Gesprächen mit Nachbarinstitutionen und Fachkollegen bereit sind.

7.2   Themenwahl

Das Erscheinungsbild einer Wissenschaft wird u.a. durch die Wahl der Forschungsthemen bestimmt: Sichtbar sind nur die tatsächlich aufgegriffenen Themen, während die nicht aufgegriffenen in der Regel nur von Sach- und Fachkennern bemerkt und manchmal auch berücksichtigt werden. Damit stellt sich die Frage: Unter welchen Aspekten erfolgt diese Auswahl? Welche Gesichtspunkte leiten die Entscheidungen darüber, welche Themen in Angriff genommen werden? Neben dem mehr oder weniger zufallsbedingten Interesse der Forscher an bestimmten Themen scheinen hier drei Arten von Kriterien maßgeblich zu sein; es sind dies

- die Praxisrelevanz
- die verfügbaren Methoden
- Interessen von Auftraggebern.

Zur Frage nach der Praxisrelevanz:
In den Naturwissenschaften als den "klassischen" empirischen Wissenschaften wurde in der ersten Hälfte unseres Jahrhunderts lange und heftig das Verhältnis von Grundlagenforschung und angewandter Forschung oder auch von "reiner" und praxisorientierter Forschung diskutiert. Für die angewandte Forschung wurde das Argument von der lebensdienlichen Funktion der Wissenschaft ins Feld geführt und auf die massiven "Erfolge" oder "Fortschritte" der modernen Technologie hingewiesen. Für eine zweckfreie Grundlagenforschung sprach zum einen das Argument, Wissenschaft habe auch die Aufgabe, unabhängig von praktischen Anwendungsmöglichkeiten unser Wissen, unser Verständnis der Welt zu mehren. Zum anderen betonte man, daß viele höchst praxisrelevante wissenschaftliche Entdeckungen und Erfindungen nie zustandegekommen wären, hätte man sich auf zweckgebundene Forschung beschränkt.

Heute wird dieser Themenkreis in den Naturwissenschaften in dieser allgemeinen Form kaum noch erörtert. Die Lage hat sich dort eingependelt, nicht zuletzt aufgrund der Einsicht in das interdependente Verhältnis von Grundlagen- und angewandter Forschung: Angewandte Forschung ist ohne Grundlagenforschung nicht denkbar, und die Grundlagenforschung ist weithin auf die Lieferung von Fragestellungen und Hypothesen sowie auf die Prüfung ihrer Resultate durch die angewandte Forschung angewiesen.

In den Sozialwissenschaften hat es eine derartige Konfrontation kaum je gegeben. Indem sich die Sozialwissenschaften von Anbeginn als Handlungswissenschaften sahen, orientierten sie sich überwiegend an einer Anwendung im Sinne sozialer Veränderungen. Bei dieser Sachlage erscheint die Frage berechtigt, was denn in den Sozialwissenschaften unter Grundlagenforschung zu verstehen sei. Eindeutig läßt sich diese Frage nicht beantworten. Sie ist auch nicht allzu gewichtig. Mit einiger Sicherheit kann man sagen: Zur Grundlagenforschung in den Sozialwissenschaften gehört zum einen die Entwicklung und Erprobung neuer Methoden, zum zweiten der Entwurf von Modellen und drittens die Theorienbildung. Ob darüber hinaus auch bestimmte Studien mit bestimmter inhaltlicher Fragestellung zur Grundlagenforschung zu zählen sind, muß beim derzeitigen Stande der Diskussion offenbleiben.

Verfügbare Methoden

Bei der Überlegung, welchem Untersuchungsthema sie sich zuwenden wollen, tun die Forscher gut daran, rechtzeitig zu bedenken, ob für ein ins Auge gefaßtes Thema auch die notwendigen Methoden zur Verfügung stehen. Ohne methodologische Erwägungen bleiben Forschungspläne Spekulation. Die Frage nach der Verfügbarkeit von Methoden geht also als wichtiger Faktor in die Forschungsplanung ein.

Denkt man nun jedoch in der Wissenschaft nicht nur taktisch, und das heißt hier: im Rahmen von Einzelstudien, sondern faßt man das Ganze einer Wissenschaft ins Auge, versucht man also in strategischen Dimensionen zu denken, so kann sich der Faktor "Verfügbarkeit von Methoden" als Entscheidungsmoment gefährlich, wenn nicht gar verhängnisvoll auswirken; dann nämlich, wenn das verfügbare Arsenal in einem Mißverhältnis steht zu den Forschungsaufgaben, die sich aus der Eigenart des Untersuchungsgegenstandes in seiner Gesamtheit wie in allen seinen einzelnen Teilaspekten ergeben. Und eben durch ein solches Mißverhältnis ist die gegenwärtige Kommunikationswissenschaft – wie die Sozialwissenschaften insgesamt – gekennzeichnet:

Der Methodenbestand der empirischen Kommunikationswissenschaft ist, gemessen an den zu lösenden Aufgaben, nicht nur sehr begrenzt, er ist auch einseitig orientiert. Vorwiegend benutzen die Kommunikationsforscher heute quantifizierende Verfahren, die vor allem dem Erfassen verbaler Äußerungen oder äußerlicher Verhaltensweisen dienen, so etwa Befragungen, Attitüdenskalen, das semantische Differential, Inhaltsanalysen, lerntheoretisch angesetzte Experimente u.ä. Im Vergleich dazu ist das Instrumentarium zum Studium komplexer Verhaltensformen, nichtverbaler Äußerungen, affektiv-emotionaler oder gar unbewußter und zahlreicher anderer nicht-kognitiver Prozesse bislang noch bescheiden.

Aus dieser ungleichen Verteilung resultiert, betrachtet man die heutige Kommunikationswissenschaft als Ganzes, eine sehr bedenkliche Akzentuierung: Viele Forschungsthemen werden nicht primär durch ihren Inhalt und dessen Relevanz bestimmt, sondern durch die erprobten und bewährten Methoden. Überspitzt kann man sagen, die gegenwärtige Kommunikationsforschung wird inhaltlich determiniert durch das zur Verfügung stehende Methodenarsenal, also durch Aspekte und Kriterien, die nur sehr mittelbar etwas mit den eigentlichen Sachfragen und deren Relevanz zu tun haben. Diese Einseitigkeit ist um so gefährlicher, als sich viele Forscher dieses ihres Vorgehens nicht bewußt sind. Stillschweigend wird unterstellt, die methodisch zugänglichen Themen seien auch die wichtigen, oder sie seien sogar die einzig wissenschaftlich relevanten. Alles methodisch (noch) nicht Greifbare wird – ohne daß dies reflektiert wird – auch sachlich für irrelevant gehalten und aus den Forschungsüberlegungen verbannt. Man übersieht dabei, daß äußerst wichtige Probleme der Kommunikationswissenschaft gerade in jenen Bereichen liegen, für deren Erforschung noch keine adäquaten Methoden entwickelt wurden. Am Ende versteht man Kommunikationswissenschaft nur noch als das, was sie, bestimmt durch die Einseitigkeit der Methoden, heute tatsächlich ist, und man vergißt darüber, was sie von ihrem Gegenstand und dessen gesellschaftlicher Relevanz her eigentlich sein sollte. Sie wird zu einer Wissenschaft, die sich rein pragmatisch an ihren derzeitigen Möglichkeiten orientiert und dabei die Ziele aus den Augen verliert, die zu erreichen sie einmal angetreten war.

Zwei Lehren ergeben sich aus dieser Sachlage: Zum einen müssen die empirisch arbeitenden Wissenschaftler sich der Einseitigkeit ihres Forschens bewußt sein, sie dürfen nicht vergessen, daß ihre Wissenschaft von der Kommunikation eigentlich weit über das hinausreicht, was sich heute als empirische Kommunikationswissenschaft präsentiert. Und zweitens: Die Kommunikationsforschung muß bewußt darauf hinarbeiten, ihren Methodenbestand zu ergänzen, um der Einseitigkeit ihres gegenwärtigen Forschens entgegenzuwirken. Mit anderen Worten: Die Kommunikationswissenschaft braucht dringend eine planmäßige Grundlagenforschung im Bereich der Methodologie.

Interessen von Auftraggebern
Die Kommunikationswissenschaft hatte es zunächst schwer, sich in der Öffentlichkeit Anerkennung als "seriöse" und "nützliche" Disziplin zu erringen. Diese Situation hat sich überraschend schnell geändert. Heutzutage häufen sich die Forschungsaufträge von Ministerien, Parteien, Presseunternehmen, Rundfunkanstalten und zahlreichen sonstigen Institutionen. Diese Aufträge ermöglichen es, viele dringliche Themen mit dem nötigen finanziellen Rückhalt anzugehen; ohne diesen Rückhalt hätten zahlreiche höchst aufschlußreiche Untersuchungen nicht durchgeführt werden können. Doch sollte man diese Entwicklung sorgfältig beobachten, insbesondere unter der Fragestellung, ob und wieweit die Interessen der Auftraggeber die Auswahl der Forschungsthemen und damit den Kurs der Kommunikationsforschung insgesamt bestimmen. Die Gefahr ist in hohem Maße gegeben, und zweifellos sind derartige Einflüsse bei einer Reihe von Studien deutlich zu erkennen. Ob freilich –

wie dies Eurich behauptet – "die Kommunikationswissenschaft sich im Regelfall als an Aufträge gebundene Wissenschaft präsentiert und somit der Entdeckungszusammenhang auf den Anlaß Auftrag begrenzt wird"[127], mag – zumindest beim derzeitigen Stande – bezweifelt werden. Noch ist die empirische Kommunikationsforschung keineswegs "im Regelfall" an Aufträge gebunden. Die Universitätsinstitute haben sich hier einen beachtlichen Freiraum bei der Wahl ihrer Themen gewahrt, aber auch in ihnen wird mehr und mehr Auftragsforschung betrieben. Insgesamt sollte die Gefahr einer Abhängigkeit von Auftraggebern und damit die Gefahr einer einseitig interessengesteuerten Ausrichtung nicht unterschätzt werden. Doch eine Gefahr sehen, kann bereits der erste Schritt sein, ihr zu begegnen.

*

Die Frage, welche konkreten Themen bislang in der Kommunikationswissenschaft vernachlässigt oder gar übersehen wurden, ließe sich verläßlich nur durch eine Bestandsaufnahme anhand eines Modells beantworten. Da eine solche Bestandsaufnahme nicht vorliegt, bleibt nichts weiter übrig, als einen unsystematischen, mehr oder weniger zufälligen und punktuellen Katalog derartiger Themen zusammenzustellen. Selbst das wäre schon ein Gewinn, kann aber hier nicht geleistet werden. Einige Beispiele aus dem Interessenkreis des Verfassers müssen genügen. Zu nennen sind da insbesondere: Das Bild vom Menschen, das der Kommunikationswissenschaft von heute zugrundeliegt; die Bedeutungs-

---

[127] C. Eurich: a.a.O., S. 342

zuweisung beim Erleben von Aussagen; Bedingungen und Verlaufsformen der Aufmerksamkeit bei der Medienrezeption (insbesondere beim Radiohören); Zielvorstellungen und Strategien von Kommunikatoren auf der institutionellen und individuellen Ebene; Beziehungen zwischen Kommunikationsforschung und Medienpraxis; Alltagswissen und kommunikationswissenschaftliches Wissen; Fehlerquellen und Unschärfen in der empirischen Sozialforschung.

Schließlich ist auf zahlreiche "verpaßte Chancen" hinzuweisen. Mustert man nämlich die bisherige Kommunikationsforschung unter der Fragestellung, was diese Wissenschaft hätte untersuchen können, was sie aber zu untersuchen versäumt hat, so erweist sich die Geschichte unserer Disziplin als reich an verpaßten Gelegenheiten.

Zum einen hat man in der Kommunikationsforschung vor lauter aktuellen Problemen nicht genug an die Veränderungen in den gesellschaftlichen und technologischen Gegebenheiten gedacht, unter denen sich Kommunikation vollzieht. Eben wegen dieses ständigen Wandels sind bestimmte Kommunikationskonstellationen unwiederholbar. Wenn nun die Forschung es versäumt, die Kommunikationsprozesse, die von einer einmaligen, vorübergehenden Konstellation geprägt sind, empirisch zu studieren, werden einmalige Chancen für Einsichten in gewichtige Kommunikationsaspekte verpaßt. Ein Beispiel: Während heute das Fernsehen zu den Selbstverständlichkeiten des Alltags gehört, liegt die Zeit noch nicht lange zurück, da dieses Medium etwas sensationell Neues und Aufregendes war. Viel zu wenig hat die Kommunikationswissenschaft damals die Gelegenheit genutzt, das Erleben und Verhalten von Fernsehern zu untersuchen, in einer Situation, die heute unwiederbringlich

vorbei ist. Damit hat man sich auch der Möglichkeit begeben, systematische Vergleiche zwischen damals und heute
zu ziehen. In jener Zeit hätte man auch weit mehr, als das
tatsächlich geschehen ist, das Erleben und Verhalten von
Fernsehern mit dem von Nicht-Sehern vergleichen können.

Zum zweiten ergeben sich neben diesen gesellschaftlichen Konstellationen immer wieder außergewöhnliche, un-
erwartete aktuelle Situationen, die unter Kommunika-
tionsaspekten zu studieren höchst lehrreich sein kann. Als
positive, das heißt von der Kommunikationsforschung auf-
gegriffene Beispiele wären etwa zu nennen: Cantrils Untersuchung von 1938: "The invasion from Mars", die Studien
über die Erlebenslage der Menschen bei Zeitungsstreiks, Arbeiten zur Verbreitung von Meldungen über wichtige uner-
wartete Ereignisse u.ä.. Bedenkt man die kleine Zahl derartiger Untersuchungen im Vergleich zu der Menge der sich
anbietenden Gelegenheiten, so kann man nur bedauernd registrieren, wieviele Forschungschancen in der Kommunikationswissenschaft verpaßt wurden.

7.3   Methoden

Über die Methoden der empirischen Sozialwissenschaften
gibt es ausgezeichnete Lehrbücher[128]. In diesem Aschnitt
geht es somit nicht darum, diese Methoden noch einmal
darzulegen. Hier soll lediglich in aller Kürze auf einige be-
merkenswerte Aspekte hingewiesen werden; das sind: Langzeitstudien, Methodenkombination, Replikationen, Bedeu-

---

[128]   So z.B. B. R. Schnell u.a.: Methoden der empirischen Sozialforschung

tungsanalysen, die Unterscheidung von quantitativen und
qualitativen Methoden.

Dem Studium von Entwicklungen über längere Zeitspan-
nen hin kommt besondere Bedeutung zu. Das versteht sich
gleichsam von selbst. Doch finden sich in der Kommunikationswissenschaft bis heute viel zu wenig derartige *Langzeitstudien*[129]. Das ist verständlich, wenn man bedenkt, daß
solche Studien nicht nur organisatorisch und finanziell weit
aufwendiger sind als zeitlich punktuelle Untersuchungen,
sondern daß Langzeitstudien auch schwierige und noch keineswegs restlos geklärte Methodenfragen aufwerfen. Um so
nachdrücklicher ist zu fordern, daß die Kommunikationsforschung gerade diesen Methodenproblemen besondere Aufmerksamkeit widmet.

Jede Methode hat ihre eigenen Vor- und Nachteile,
Möglichkeiten und Grenzen. Somit erscheint es sinnvoll und
zweckmäßig, in ein und derselben Untersuchung mehrere
einander unterstützende und ergänzende Methoden einzusetzen. "*Methodenkombination*" ist in den empirischen Sozialwissenschaften eine häufig zu hörende Vokabel, zum
mindesten als Forderung. Gewiß, die Zahl der Studien mit
mehreren kombinierten Methoden steigt an, auch in der
Kommunikationswissenschaft, etwa durch Kombination von
Befragung, Inhaltsanalyse und Sekundäranalysen, doch
wären noch viel mehr solcher Untersuchungen erforderlich.
Die Gründe für dieses derzeitige Defizit sind dieselben wie
bei den Langzeitstudien: Mehrere zugleich eingesetzte Methoden treiben den Aufwand beträchtlich in die Höhe, und

---

[129] Zu nennen ist hier vor allem die Langzeitstudie von K. Berg und M. L.
Kiefer (Hg.): Massenkommunikation V

auch hier sind oft noch schwierige Methodenfragen zu klären.

Ferner ist in der Kommunikationswissenschaft – wie auch in den meisten anderen Sozialwissenschaften – ein bedenklicher Mangel an *Wiederholungsstudien*, an *Replikationen* zu konstatieren. Replikationen "können einerseits in Form von Folgestudien zur Erfassung von Wandel, andererseits, sofern Veränderungen im untersuchten Gegenstandsbereich ausgeschlossen werden können, zur Überprüfung vorgelegter Forschungsergebnisse dienen. Leider sind in den Sozialwissenschaften Replikationen sehr selten, so daß der sozialwissenschaftliche Wissensbestand vielfach nur auf wenigen Hauptuntersuchungen beruht und weder kontrolliert wurde, ob diese Hauptuntersuchungen wirklich empirisch wahre Aussagen erbrachten, noch ob inzwischen Veränderungen des Forschungsgegenstands eingetreten sind."[130]

Allzu selten werden in der Kommunikationswissenschaft *Bedeutungsanalysen* durchgeführt. Viele, ja die meisten sozialwissenschaftlichen Studien arbeiten mit Wörtern, mit Begriffen, etwa bei Befragungen, in Verständlichkeitsuntersuchungen, in psychologischen Tests u.ä.. Dabei geht man allzu oft einfach von den Bedeutungen aus, die diese Begriffe für die Forscher selbst haben, ohne zu fragen, geschweige denn zu untersuchen, welche Bedeutung die "Versuchspersonen" in ihrer Alltagssprache mit den vorgegebenen Wörtern verbinden. Daraus können – unbemerkt – in sozialwissenschaftlichen Studien Verzerrungen und Fehlinterpretationen resultieren. Mit Bedeutungsanalysen kann man derartige Fehler weitgehend vermeiden. Bei die-

---

[130] W. J. Patzelt: Sozialwissenschaftliche Forschungslogik, S. 305

sem Verfahren geht es nicht darum, wie ein Zeichen verwendet werden soll, sondern wie es tatsächlich von einer (jeweils näher zu bestimmenden) Gruppe von Menschen verwendet wird. Im Unterschied zur Nominaldefinition wird also in der Bedeutungsanalyse eine empirische Aussage gemacht, und empirische Aussagen sind richtig oder falsch.

Für die Bedeutungsanalyse kann man sich verschiedener Instrumente bedienen, etwa etymologischer Untersuchungen, der Inhaltsanalyse, projektiver Tests, des semantischen Differentials, der direkten Befragung. Dabei muß man sich der Tatsache bewußt sein, daß die Resultate der Bedeutungsanalyse immer nur für die jeweilige Gruppe, das jeweils untersuchte Gebiet und für die Zeit der Untersuchung gelten.

Endlose Auseinandersetzungen gab und gibt es in den Sozialwissenschaften über Stellenwert und Brauchbarkeit, Vorteile und Gefahren von *"quantitativen" und "qualitativen"* Methoden.

Den Ausgangspunkt bildet die immer noch weitverbreitete Ansicht, bei den Begriffen "quantitativ" und "qualitativ" ginge es um eine radikale, unüberbrückbare Dichotomie, um einander ausschließende Gegensätze. Der positivistische Empirismus – zum mindesten in seinen Frühformen – setzte diese Unvereinbarkeit voraus, und er bestand – implizit oder explizit – auf Wertunterschieden: Für wissenschaftliche Zwecke geeignet sei nur das Quantitative; alles Qualitative sei forschungsmethodisch unbrauchbar und führe von den wissenschaftlichen Zielen weg. Unter Forschungsaspekten wird also dem Quantitativen ein höherer Rang eingeräumt als dem Qualitativen. Dahinter steht das Muster der Naturwissenschaften als Forschungsvorbild schlechthin. – Diese rigorose Ansicht blieb – auch innerhalb der Sozialwissenschaften – nicht unwidersprochen. Immer wieder brachen und brechen die Auseinandersetzungen aus, und zwar mit diesen Argumenten:

Die Positivisten setzen "quantitativ" gleich mit Eindeutigkeit, Überprüfbarkeit, Berechenbarkeit, Objektivität, Tatsachen, auch mit hochgradiger Vorhersehbarkeit. Nur durch intersubjektiv nachvollziehbare quantifizierende Forschung – so meint man – kann man den Kriterien streng wissenschaftlichen Arbeitens, insbesondere der Forderung nach Widerspruchslosigkeit und Allgemeingültigkeit der Aussagen, genügen. Bei qualitativen Untersuchungen gibt es keine hinreichende Gewißheit, daß die Resultate zuverlässig sind. Der Forscher geht von subjektiven Eindrücken aus, seine Ergebnisse sind oft nur Annahmen und Vermutungen. Benutzt er keine quantifizierenden Verfahren, so können seine Angaben stets nur unverbindlicher Natur sein; sie sind ungenau. Die Resultate qualitativer Studien sind nicht miteinander vergleichbar. Quantitative Methoden mit entsprechenden Kontrollen dagegen reduzieren die subjektiven Einflüsse auf ein Minimum; sie machen die Ergebnisse in hohem Maße objektiv, stichhaltig, gültig und vergleichbar.

Demgegenüber lauten die Argumente der anderen Seite etwa so: Die Subjektivität, die zum Wesen qualitativer Studien gehört, ist durchaus nicht unbedingt negativ zu bewerten. Ohne ein gewisses Maß an subjektiver Interpretation ist eine wissenschaftliche Beschäftigung mit der Welt des Menschen und vor allem mit geistigen Gegenständen unmöglich. Mit einer streng objektiven Betrachtungsweise kommt man über sehr äußerliche Erkenntnisse nicht hinaus. Ferner bergen auch die angeblich so objektiven quantitativen Arbeiten meist mehr Subjektivität in sich, als ihre Vertreter gemeinhin annehmen. Außerdem wäre es irrig, Subjektivität mit völliger Willkür gleichzusetzen. Es gibt in der Forschung eine "kontrollierte Subjektivität", deren Einflüsse auf die Resultate sich recht gut abschätzen lassen. Selbstverständlich setzt dies ein hohes Maß an menschlicher und wissenschaftlicher Qualifikation voraus, die man jedoch dem qualitativ arbeitenden Forscher generell ebensowenig absprechen darf wie dem quantifizierenden. – Schließlich gehen – so argumentieren die Verfechter des "Qualitativen" – die Positivisten häufig von einem falschen Zahlenverständnis aus, denn: Sobald wir Zahlen auf Realitätsinhalte beziehen, begeben wir uns auch ins Gebiet des Qualitativen, und zwar kategorial: Mit Zahlen fassen wir Gleichartiges zusammen. Um Gleichartigkeiten festzustellen, müssen aber erst einmal die Kategorien festgelegt werden, in welche die Einzelfälle einzuordnen sind. Kategorien werden durch Kriterien definiert, aufgrund deren wir entscheiden können, welcher Einzelfall welcher Kategorie zuzuordnen ist. Und die Wahl dieser Kriterien – daran gibt es keinen Zweifel – ist ein "qualitativer" Akt. Quantifizieren setzt also unabdingbar "Qualitäten" voraus. So liegen denn auch in der Sozialforschung die Hauptprobleme der Statistik heute weniger im Mathematischen, als in der genauen und zweckmäßigen Bestimmung der zu verwendenden Kategorien, also im Bereich des Qualitativen.

Soweit in komprimierter Form die Argumente beider Seiten. Das entscheidende Resultat dieser Überlegungen lautet: Quantitativ und qualitativ sind Bestimmungen, die einander keineswegs ausschließen, sondern die sich wechselseitig bedingen und ergänzen; sie sind also untrennbar miteinander verbunden. Damit entfällt auch jeder Grund dafür, sie bewertend auf einer höheren oder niederen Ebene zu lokalisieren. "Keineswegs gibt es also (unterlegene) 'qualitative Methoden' im Gegensatz zu (überlegenen) 'quantitativen Methoden'; es gibt nur Versionen innerhalb der stets gleichen Methoden. Ebenso unrichtig ist die Vorstellung, durch qualitative Forschung erzeuge man (schlechtere) 'weiche Daten', durch quantitative Forschung aber (bessere) 'harte Daten', die sozusagen 'wissenschaftlicher' seien als die Ergebnisse qualitativer Forschung. Zwar sind in metrischen Begriffen aufgezeichnete Beobachtungen, also die Daten quantitativer Forschung, informationshaltiger als in qualitativen Begriffen aufgezeichnete Beobachtungen. Doch quantitative Daten täuschen einen hohen Informationsgehalt nur vor, wenn ein untersuchter Wirklichkeitsausschnitt so beschaffen ist, daß er anders als in klassifikatorischen und komparativen Begriffen eben nicht erfaßt werden kann. Letzteres wird in den Sozialwissenschaften aber nicht selten der Fall sein. Dann freilich sind die (vermeintlich) 'weichen' qualitativen Daten die 'härtesten' Daten, die man überhaupt erlangen kann."[131] Wenn nicht alles täuscht, gewinnen in den Sozialwissenschaften, auch in der Kommunikationswissenschaft, qualitative Denkweisen, Ansätze und Methoden an Boden.

Das Verhältnis von "quantitativ" und "qualitativ" wird auf der wissenschaftstheoretischen Ebene in der Gegenüberstellung von "Szientismus" und "Humanismus" diskutiert. Dazu einige kurze Überlegungen im Abschnitt 8.1.

---

[131] a.a.O., S. 314

7.4 Interpretation

Die Ergebnisse empirischer Untersuchungen liegen zunächst als Daten vor, die auf Sachverhalte hinweisen. Daten als solche sind noch keine Erkenntnisse; vielmehr lassen Zahlenkolonnen, Tabellen und graphische Darstellungen oft genug die Frage offen, was denn nun eigentlich damit erkannt und ausgesagt ist. Gewiß, nur selten lassen Kommunikationsforscher Zahlen unkommentiert im Raum stehen. Die Diskussion und Interpretation der gefundenen Daten gehört nun einmal zur Schematik eines Forschungsberichtes. Aber nur allzu oft begnügt man sich damit, die Fakten in sich zu deuten und vermeidet die schwierigere, aber weitaus bedeutsamere Aufgabe, die Daten in größeren Zusammenhängen zu sehen, und zwar nicht nur im Vergleich mit ähnlichen Einzeluntersuchungen, sondern auch im Hinblick auf ihren Standort und ihren Aussagewert im Gesamtsystem der Kommunikationswissenschaft und schließlich unter dem Aspekt der gesellschaftlichen Relevanz. Erst wenn man in der empirischen Forschung, von den Daten ausgehend, zu einer solchen Interpretation im größeren Rahmen kommt, werden Fakten zu wirklichen Erkenntnissen. In empirischen Studien werden die Daten interpretiert vor allem im Hinblick auf die Hypothesen, von denen die Untersuchung ausgegangen ist und die ihrerseits "im Lichte von Theorien" aufgestellt wurden. Der Rückbezug auf die Hypothesen und die dahinter stehende Theorie ist somit ein konstitutives Merkmal wissenschaftlicher Interpretation.

In den Sozialwissenschaften geht man allerdings nicht selten mit der Interpretation von Forschungsdaten recht nachlässig um, sei es, weil man die Regeln des Interpretierens nicht kennt, oder sei es, weil man glaubt, sie vernachlässigen zu können, oder sei es schließlich, weil man mit den Forschungsergebnissen bestimmte Zwecke verfolgt. Exemplarisch greifen wir hier vier häufig zu beobachtende Regelverstöße heraus, nämlich: fragwürdige Inferenzen, unzulässiges Generalisieren, Korrelationen interpretiert als Kausalzusammenhänge, Scheinexaktheit.

"Inference is a 'filling in' process, in which a person makes assumptions about unobserved things on the basis of things that are observed."[132] *Inferenzen* sind also Annahmen, und das heißt: Sie haben nur hypothetischen Charakter. Inferenzen stellen somit Hypothesen dar, die – streng genommen – ihrerseits einer Überprüfung bedürfen. Sofern man nun in Forschungsberichten diesen Sachverhalt deutlich herausstellt, ist alles in Ordnung. Als fragwürdig, wenn nicht gar als unzulässig ist es jedoch zu werten, wenn Aussagen, die auf Inferenzen beruhen, so dargestellt werden, als handle es sich um gesicherte Erkenntnisse. Und eben dies kommt in den Sozialwissenschaften, auch in der Kommunikationswissenschaft, immer wieder vor.

Ein Beispiel mag das verdeutlichen: Inhaltsanalysen sagen gesichert nur etwas über das untersuchte Material aus, also über jene Texte, die in die Analyse einbezogen wurden. Wenn man nun aber behauptet, die Ergebnisse der Inhaltsanalyse gäben auch Auskunft über die Intentionen der Kommunikatoren sowie über das Erleben und die Wirkungen auf der Rezipientenseite, dann unterschlägt man die Tatsache, daß es sich dabei nicht um Forschungsergebnisse, sondern um Inferenzen handelt, also um hypothetische Schlußfolge-

---

[132] S. W. Littlejohn: Theories of human communication, S. 133

rungen. "Methodologisch formuliert bedeutet dies, daß es ohne zusätzliche Validierungsschritte nicht möglich ist, vom Text (als Wirkungspotential) auf den Leser bzw. dessen Meinungen, Überzeugungen, Einstellungen etc. (als Wirkungsergebnis) zu schließen."[133] Es gibt genug Beispiele, die zeigen, "wie willkürlich die aus inhaltsanalytischen Beschreibungen abgeleiteten Schlußfolgerungen über Intention und Wirkung bzw. Autor und Leser eines literarischen Textes ausfallen (können), solange keine zusätzlichen empirischen Validierungsschritte zur Überprüfung der Hypothesen unternommen werden."[134] Es gilt klar zu unterscheiden zwischen dem Wirkungs*potential* und den tatsächlichen Wirkungen. "Für die Feststellung von (textuellen) Wirkungspotentialen ist die Inhaltsanalyse derzeit die beste verfügbare Methodik und wird es wohl auf absehbare Zeit auch bleiben."[135]

Als spezielle Fälle von Inferenzen sind *Generalisierungen*, also Verallgemeinerungen von Forschungsergebnissen zu verstehen. Wie zahlreiche Beispiele zeigen, neigt man in der Kommunikationsforschung zu bedenklichen, wenn nicht gar zu unberechtigten Generalisierungen. Gemeint sind damit jene Fälle, in denen Forschungsergebnisse verallgemeinert werden über den Geltungsbereich hinaus, der ihnen vom Untersuchungsdesign und von den benutzten Methoden her tatsächlich zukommt. Empirische Forschung besteht in den Sozialwissenschaften aus Einzelstudien, deren Resultate – genau genommen – nur für den Ort und die Zeit der Datener-

---

[133] N. Groeben und P. Vorderer: Leserpsychologie: Lesemotivation – Lektürewirkung, S. 231
[134] a.a.O., S. 234
[135] a.a.O., S. 236

hebung gelten sowie für den Personenkreis, der in die Untersuchung einbezogen wurde (also z.B. bei einer repräsentativen Stichprobe die jeweilige Grundgesamtheit). Schlüsse über diesen Rahmen hinaus sind eigentlich nicht erlaubt. Nun haben natürlich derartige eng und streng begrenzte Aussagen nur einen sehr geringen Erkenntniswert. Somit hat der Forscher guten Grund und ein gewisses Recht, aus seinen Daten Schlüsse zu ziehen, die über die Grenzen des konkreten Falles hinausgehen. Vorsichtige Generalisierungen sind also zulässig, allerdings nur unter einer Bedingung: Der Forscher muß die eigentlichen Grenzen seiner Einsichten offen darlegen und die weiterreichenden Schlüsse als solche kennzeichnen. Das aber geschieht viel zu selten. Häufig lesen sich die Forschungsberichte so, als handle es sich bei den Resultaten um allgemeingültige Erkenntnisse, sie wirken wie Allaussagen, wie "Gesetze" in den Naturwissenschaften. Derartigen falschen Eindrücken vorzubeugen ist die Pflicht jedes Berichterstatters.

Schlimm wird es oft, wenn die Resultate von Einzelstudien in die Sekundärliteratur gelangen (wobei mit Sekundärliteratur hier gleichermaßen andere Studien wie auch große Abhandlungen, Zusammenfassungen, Lehrbücher, Forschungsübersichten u.ä. gemeint sind). Da werden nicht selten nur die Ergebnisse aufgegriffen und wie generell gültige Aussagen behandelt. So geschehen mit der Untersuchung von Katz und Lazarsfeld über Zusammenhänge zwischen Massenkommunikation und interpersonaler Kommunikation. Diese Studie, durchgeführt in Decatur im US-Staat Illinois, also auf einer eng begrenzten lokalen Basis, wuchs sich schnell in der Sekundärliteratur zur „Theorie" von den Meinungsführern und von der zweistufigen Kommunikation aus. Auf den Ergebnissen dieser Einzelstudie, der erst später ergänzende und überprüfende Untersuchungen folgten, wurde ein ganzes Gebäude von Generalisierungen errichtet, das, betrachtet man das Verhältnis der Ausgangsdaten zu den daraus gezogenen Schlußfolgerungen, wie eine auf der Spitze stehende Pyramide anmutet. In sehr generalisierter Form gingen diese Schlußfolgerungen in die Kommunikationslehre ein, so als handle es sich um methodisch gesicherte Tatsachen. Erst allmählich wurden Zweifel laut, ob die Resultate der Decatur-Studie wirklich so allgemeingültig seien, wie man zunächst angenommen hatte. Man begann, die methodischen Ansätze kritisch zu prüfen, und man ging den dort entwickelten Konzepten in weiteren empirischen Arbeiten nach. Dabei wurde das zunächst so imposant aussehende Gebäude Stein für Stein abgetragen, und übrig blieb schließlich eine kleine Zahl von begrenzten Einsichten und eine Vielzahl offener Fragen. – Auch Festingers Theorie der kognitiven Dissonanz wurde allzu schnell als voll gesichert betrachtet und unzulässig verallgemeinert. Obwohl auf einer relativ breiten Basis von empirischen Untersuchungen aufgebaut, mußte auch dieses Konzept im weiteren Verlauf teils korrigiert, teils modifiziert, teils in seiner Reichweite eingeschränkt werden.

Höchst bedenklich wird die Situation, wenn renommierte Sozialwissenschaftler in großen Übersichten und Zusammenfassungen ganze Batterien von Forschungsergebnissen präsentieren, ohne irgend etwas über deren Reichweite und Aussagekraft mitzuteilen, so z.B. bei Berelson und Steiner[136]. Wenn die Autoren eingangs erklären, Ziel des Buches

---

[136] B. Berelson und G. Steiner: Human behavior

sei es, "to present, as fully and as accurately as possible, what the behavioral sciences know about the behavior of human beings: what we really know, what we nearly know, what we think we know, what we claim to know,"[137] dann werden die Autoren diesem ihrem eigenen Anspruch in keiner Weise gerecht. Geraten derartige Übersichten in die Hände von sozialwissenschaftlich nicht geschulten Praktikern, die in dieser Literatur Rat und Hilfe suchen, so nimmt es nicht wunder, daß die Ergebnisse vollends als allgemeingültig hingenommen werden. Über kurz oder lang sind da bittere Enttäuschungen unvermeidbar, sehr zum Schaden der ohnehin zerbrechlichen Beziehungen zwischen Wissenschaft und Praxis.

Alles in allem gilt es, in der Kommunikationsforschung der Frage nach der Berechtigung oder Unzulässigkeit von Generalisierungen weit mehr Aufmerksamkeit zu widmen als bisher.

Als eine weitere Unsitte ist die *Interpretation von Korrelationen als Kausalzusammenhänge* zu nennen. Korrelationen sind nichts weiter als rechnerische Beziehungen von Daten zweier Meßreihen. Korrelationen sagen somit nichts über Kausalitäten aus, gleich in welcher Richtung. Dem steht jedoch das Bedürfnis des Menschen gegenüber, möglichst überall Kausalzusammenhänge zu sehen, die ja für ihn eine Reduktion von Komplexität bedeuten. So ist die verbreitete Neigung zu erklären, auch Korrelationen kausal zu interpretieren, so als bewiesen sie Ursache-Wirkung-Zusammenhänge. Zulässig wäre eine solche Interpretation nur, wenn man sie ausdrücklich als Hypothese bezeichnete,

---

[137] a.a.O.; S. 3

die noch zu überprüfen wäre. Das folgende Beispiel mag eine vorschnelle Kausalinterpretation verdeutlichen:

In einer empirischen Untersuchung ergab sich eine klare Korrelation zwischen Fernsehnutzung und Gesprächen in der Familie: Je länger und häufiger man fernsieht, desto weniger Gespräche finden in der Familie statt. Die Erklärung schien auf der Hand zu liegen: Das Fernsehen ist die Ursache dafür, daß die Menschen wenig miteinander reden. Diese Sichtweise leuchtet um so mehr ein, als man ohnehin gewöhnt ist, das Fernsehen als Ursache für viele Mißstände in unserer Gesellschaft zu betrachten. Somit erscheint bewiesen: Das Fernsehen beeinträchtigt die Kommunikation in der Familie. Hier wird eine Korrelation kausal interpretiert, und das ist grundsätzlich nicht zulässig; man darf diese Interpretation nicht als Forschungsergebnis darstellen, sondern nur als Hypothese. Man könnte nämlich diese Korrelation auch gerade andersherum, in der Gegenrichtung kausal erklären: In Familien mit unterdurchschnittlicher kommunikativer Interaktion wird eben deshalb besonders viel ferngesehen; wo wenig kommuniziert wird, liegt es besonders nahe, viel fernzusehen.

Schließlich sei noch auf einen in den Sozialwissenschaften häufig anzutreffenden Regelverstoß hingewiesen, nämlich auf die *Scheinexaktheit*. Immer wieder erwecken die präsentierten Ergebnisse den Eindruck, sie bestünden aus exakten, präzisen, „harten" Daten, während sie tatsächlich nur als „weiche" Näherungswerte gelten können. Viele empirische Untersuchungen können aufgrund kaum vermeidbarer Fehlerquellen (etwa bei Stichproben, durch Frageformulierungen mit mehrdeutigen Begriffen, durch Interviewereinflüsse usw.) überhaupt keine „harten" Daten liefern. Dennoch begegnen wir immer noch Stellen hinter dem Komma, die durch nichts gerechtfertigt sind. In vielen Fällen sind selbst volle Prozente nur Näherungswerte; doch wann wird das offen gesagt? Das könnte ja dem Ansehen der Zunft schaden. – Im übrigen ist eine vorgetäuschte Exaktheit für praktische Zwecke oft gar nicht erforderlich, und manchmal kann sie sogar in die Irre führen; eine Einsicht, die ein amerikanischer Kollege einmal so formulierte: It is better to be roughly right than exactly wrong.

7.5 Forschung und Praxis

Das Leben in hochindustrialisierten Gesellschaften ist durch große Komplexität und geringe Durchschaubarkeit gekennzeichnet. Differenzierung, Spezialistentum, Mangel an Durchblick und – daraus resultierend – eine alles durchdringende Unsicherheit, das sind einige Stichworte, die das Leben unserer Zeit charakterisieren. Gesellschaftlich gesehen steigert die wachsende Komplexität die "Informations- und Kommunikationsbedürfnisse in dem Sinne, daß immer mehr Menschen in immer mehr unterschiedlichen Gruppierungen und unter immer mehr verschiedenartigen soziokulturellen Normen aufeinander angewiesen sind und sich miteinander verständigen müssen."[138]

Aufeinander angewiesen sind in unserer Gesellschaft auch Praxis und Wissenschaft. Das gilt in vollem Ausmaß auch für den Bereich der Kommunikation. Kaum hatte sich die Kommunikationswissenschaft als eine eigenständige

---

[138] F. Ronneberger: Kommunikationspolitik, Teil 1, S. 7

Disziplin etabliert, da wurde sie schon von Praktikern mit einer Fülle von schwierigen Fragen konfrontiert. Nicht wenige Kommunikationsforscher, froh, überhaupt beachtet und gefördert zu werden, stellten sich bereitwillig diesen Anforderungen, oft freilich ohne viel darüber nachzudenken, auf welch problematisches Geschäft sie sich da einließen. Auch heute noch sieht die Lage oft genug so aus: Man nimmt Aufträge – meist punktueller Art – an, führt Untersuchungen durch, liefert die Resultate ab und findet bei alledem weder die Zeit noch sieht man einen Anlaß, den eigenen Standort, die Ziele und das Handeln selbstkritisch zu reflektieren.

Um für eine Zusammenarbeit mit der Praxis gerüstet zu sein, muß die Kommunikationsforschung sich Klarheit verschaffen über ihre Möglichkeiten und tatsächlichen Leistungen ebenso wie über ihre Schwächen, Mängel und Erkenntnislücken. Die Forscher sollten ein Mindestmaß an Konsens darüber anstreben, von welchen Grundlagen und Voraussetzungen sie ausgehen, welche Ziele sie mit welchen Ansätzen und Methoden zu erreichen suchen und wo ihnen – grundsätzliche oder vorläufige – Grenzen gesetzt sind.

Auf der Basis dieser Selbstreflektion gilt es, die Beziehungen zwischen Praxis und Wissenschaft aufzubauen mit dem Ziel einer Zusammenarbeit zwischen beiden Seiten. Zusammenarbeit erfordert effektive Kommunikation zwischen den Partnern. Damit stellen die Beziehungen zwischen Praxis und Kommunikationsforschung selber ein Problemfeld dar, dessen sich die Kommunikationsforschung anzunehmen hätte.

Wieweit Kommunikation erfolgreich ist, hängt zu einem beträchtlichen Teil von den "Weltsichten" der Partner ab.

Das psychologisch-anthropologische Konzept von den "Weltsichten" – für das auch Begriffe stehen wie subjektive Erlebniswelt, Eigenwelt, kognitive Struktur, Bezugsrahmen, subjektives Wertsystem, Denkstil, Weltmodell u.a. – geht davon aus, daß jedes Individuum bestimmte Eigenheiten in der Art des Welterfassens aufweist und sich dadurch von anderen Individuen unterscheidet. Dieses Konzept läßt sich auf alle möglichen Gruppen (Nationen, Kulturen, Subkulturen usw.) ausdehnen; es bildet damit eine der Grundlagen für eine Lehre von der "interkulturellen Kommunikation."[139] Das Ausmaß interkulturellen Verstehens wird mitbestimmt durch den Umfang der Gemeinsamkeiten und der Verschiedenheiten in den Bezugsrahmen, Wertsystemen, Weltsichten der Beteiligten. Nun stellen zweifellos Praktiker und Wissenschaftler Gruppen oder Subkulturen mit je eigenen voneinander abweichenden "Weltsichten" dar. Um die Probleme der Kommunikation zwischen beiden besser zu verstehen, müßte man diese "Weltsichten" im einzelnen untersuchen; das ist hier nicht möglich. Einige kurze Hinweise müssen genügen.

Praktiker sind nicht selten zwiespältig in ihren Ansichten über die Wissenschaft und über die Brauchbarkeit von Forschungsergebnissen: Sie sind auf der einen Seite oft wissenschaftsgläubig. Das mag manchem Forscher schmeicheln; wenn es jedoch dem Wissenschaftler um die Sache geht, muß er darin eine Gefahr sehen. Da nämlich diese Praktiker die Konzepte, Ansätze und Methoden der Forschung weder kennen noch sich dafür interessieren, nehmen sie die Resultate unbesehen als gesicherte, "bewiesene"

---

[139] Dazu G. Maletzke: Interkulturelle Kommunikation

Tatsachen hin; sie fragen nicht nach den jeweiligen Bedingungen und Grenzen einer Untersuchung und sind somit nicht in der Lage, die Reichweite und Tragfähigkeit der Ergebnisse abzuschätzen. Um so verwirrender ist es dann für sie, wenn sie Forschungsresultaten begegnen, die – oberflächlich betrachtet – einander widersprechen oder wenn Experten und Gegenexperten einander zu widerlegen suchen. Eine "Erschütterung des öffentlichen Glaubens an die Unumstößlichkeit einer wissenschaftlichen Aussage tritt dort ein, wo Experten innerhalb eines Lagers unterschiedliche Positionen zu ein und derselben Fragestellung vertreten und die wissenschaftliche Qualität des oder der Kollegen in Frage stellen. Solcher Dissens ist nicht neu... Der entscheidende Unterschied zu früheren Verhältnissen liegt darin, daß die Unstimmigkeiten und wechselseitigen Anwürfe der Experten heutzutage zunehmend öffentlich werden und in den Massenmedien durch die Inszenierung kontrovers angelegter Gesprächsrunden von Experten besondere Publizität erfahren."[140]

Aus dieser Erfahrung heraus kann die Wissenschaftsgläubigkeit in Skepsis umschlagen. Das ist die andere Seite im Zwiespalt. Der Praktiker fragt mit gutem Grund, ob die Forschung ihm überhaupt verläßliche, für Entscheidungen brauchbare Auskünfte liefern kann. An dieser Stelle setzt die Aufgabe des Wissenschaftlers ein, seinem Partner zu erklären, warum in der Sozialforschung empirische Ergebnisse in ihrer Reichweite und Aussagekraft immer begrenzt sind und warum Resultate einander widersprechen können, ohne deswegen unbedingt "falsch" zu sein; und zugleich muß der

---

[140] H. Hartmann und M. Hartmann: Vom Elend der Experten, S. 211

Forscher zeigen, daß er trotz aller Schwierigkeiten eine ganze Reihe von Erkenntnissen vorzuweisen hat, die für die Praxis durchaus nützlich und hilfreich sein können.

Der Zwiespalt in den Einstellungen der Praktiker hat auf der einen Seite eine Überschätzung und andererseits eine Unterbewertung der Forschung zur Folge. Beides ist gleichermaßen bedenklich. Eine zu geringe Einschätzung kann dazu führen, daß die Forschung nicht angemessen gefördert wird. Wer dagegen von der Forschung zu viel erwartet, wird zwangsläufig über kurz oder lang enttäuscht. Und aus dieser Enttäuschung heraus könnte die Bereitschaft zur Zusammenarbeit mit der Wissenschaft schwinden. Auch hier muß also der Forscher behutsam einen Mittelkurs steuern, um die ohnehin zerbrechlichen Beziehungen zur Praxis nicht zu gefährden. Er soll sein Licht nicht unter den Scheffel stellen, zugleich aber auch die Schwächen seiner Arbeit offen darlegen.

Oft begegnen die Wissenschaftler ihren Partnern, den Praktikern, mit Mißtrauen. Sobald nämlich Forscher ihre Ergebnisse präsentieren, verlieren sie die Kontrolle über ihre Produkte. Diese Tatsache hat beim Umgang mit Praktikern ein besonderes Gewicht. Dort werden die Forschungsresultate teils als Hilfe bei Entscheidungen, teils als Legitimationsargumente verwendet. Allzu oft müssen nun die Wissenschaftler erleben, daß ihre Berichte je nach dem Zweck selektiv benutzt, willkürlich interpretiert oder manchmal auch einfach totgeschwiegen werden. Auch unzulässige Generalisierungen begrenzt gültiger Untersuchungsergebnisse sind an der Tagesordnung. Die Möglichkeiten, sich gegen derartige Manipulationen zu wehren, sind – wie jeder Wissenschaftler weiß – in der Regel gering.

Aus ihren verschiedenen "Weltsichten" heraus unterscheiden sich Politiker und Wissenschaftler charakteristisch in ihren Einstellungen gegenüber dem Lösen von Problemen:

Der Praktiker strebt oft eine schnelle Klärung aktueller Fragen an; der Forscher braucht in der Regel eine relativ lange Zeit, um auch scheinbar einfache Fragen zu beantworten. Er will in seinen Resultaten möglichst exakt und vollständig sein. Ein solcher Perfektionismus imponiert dem Praktiker jedoch meist wenig; ihm erscheinen einfache und klare, wenn auch nicht voll gesicherte Auskünfte, die er heute bekommt, nützlicher als exakte und detaillierte Untersuchungsberichte übermorgen. Der streng urteilende Forscher wiederum lehnt solche "vor-läufigen" und vergröberten Aussagen als "unwissenschaftlich" ab. Er verlangt vom Praktiker "Frustrationstoleranz", die Bereitschaft also, ein hohes Maß an Unbestimmtheit und einschränkenden Bedingungen und gelegentlich auch ein längeres Warten zu ertragen. Diese Forderung begründet der Kommunikationsforscher so:

Die Kommunikationswissenschaft hat es mit einem außerordentlich komplexen Gegenstand zu tun. Diese Komplexität ergibt sich daraus, daß bei Kommunikationsprozessen immer zahlreiche Faktoren mitspielen und auch die Wirkungen mitbestimmen. Zudem "wirken" diese Faktoren nicht einzeln, voneinander unabhängig, sondern sie sind "interdependent", das heißt funktional miteinander verbunden. Mit diesem Denkmodell der Komplexität sucht der Forscher verständlich zu machen, daß diese Fragen eben alles andere als einfach sind und daß die Eigenart des Gegenstandes es oft unmöglich macht, einfache Antworten zu geben.

Der Praktiker sieht dies jedoch anders: Er, der bereit ist, von der Forschung zu lernen und von ihr Rat und Hilfe anzunehmen, bekommt statt der erhofften klaren Aufschlüsse nur vorsichtig formulierte Antworten, eingeschränkt durch zahlreiche "Wenn" und "Falls" und "Unter der Voraussetzung, daß ..."; oder er sieht sich auf die Zukunft vertröstet, während er doch seine Entscheidungen hier und jetzt treffen muß.

Wie sollen sich die Wissenschaftler in dieser Situation verhalten? Auf keinen Fall dürfen sie sich dazu verleiten lassen, vorschnelle Ergebnisse zu liefern; vielmehr sollten sie ihren Partnern geduldig und unermüdlich erklären, warum sie ihre Forschungsresultate so vorsichtig präsentieren. Sie müssen zeigen, mit welchen Schwierigkeiten sie zu kämpfen haben und wo die Grenzen ihrer Methoden liegen; sie müssen den Praktikern die Komplexität ihres Forschungsgegenstandes verständlich machen; und sie müssen klar und unmißverständlich sagen, was sie heute wissen und was sie (noch) nicht wissen. Wenn nämlich die Praktiker verstehen, wie verwickelt Kommunikationsprozesse sind, dann werden ihre Erwartungen gegenüber der Forschung realistischer werden, und es wird zu weniger Mißverständnissen zwischen Praxis und Wissenschaft kommen.

Kommunikative Beziehungen werden mitbestimmt durch die Einstellungen der Partner zueinander und durch die Bilder, die Images voneinander. Der Praktiker hat und pflegt oft das Bild vom lebensfremden Wissenschaftler im Elfenbeinturm, und der Forscher sieht Praktiker als reine Pragmatisten, die auf die Bewältigung aktueller Aufgaben hin orientiert sind. Offensichtlich sind die Beziehungen zwischen Praktikern und Wissenschaftlern häufig durch ein ausgeprägtes gegenseitiges Mißtrauen und – damit verbunden – durch ein wechselseitiges Abwerten gekennzeichnet.

Bekannt und oft auch berechtigt sind die Klagen, die Wissenschaftler bedienten sich einer esoterischen Fachsprache ("Soziologen-Chinesisch"), die dem Nichteingeweihten den Zugang zur Sache verwehre. Doch wäre es sicher zu einfach, daraus die schlichte Forderung abzuleiten, die Forscher sollten sich immer klar und allgemeinverständlich ausdrücken. Gegen diese pauschale Erwartung argumentieren die Wissenschaftler etwa so:

Nicht immer und überall lassen sich Fachbegriffe, die dem Laien gekünstelt und unnötig erscheinen, vermeiden. Wissenschaft ist auf eine eindeutige, präzise Sprache angewiesen. Unter diesem Aspekt kann die Verwendung umgangssprachlicher Begriffe bedenkliche Folgen haben: "Die Tatsache, daß soziologische Aussagen zum großen Teil verbal und in Worten der Alltagssprache gemacht werden, verführt zu einem falschen Scheinverständnis, das dann überall im Wege steht, wo es doch nötig ist, einen Terminus zu definieren, überhaupt den terminologischen Charakter eines auch in der Alltagssprache gebräuchlichen Wortes oder auch einen komplizierten Sachverhalt zu erklären, bei dem es gerade auf die Nuancen ankommt. Während es in manchen Wissenschaften ein Merkmal wichtiger Ergebnisse ist ..., daß sie sich einfach formulieren lassen, ist es in der Soziologie umgekehrt."[141]

---

[141] H. P. Bahrdt: Wissenschaft und Staat, S. 189

Damit ist ein weiterer Gesichtspunkt angesprochen: Im Unterschied zu den Naturwissenschaften gibt es in den Sozialwissenschaften kaum echte "Gesetze" im Sinne eindeutiger und allgemeingültiger Kausalzusammenhänge. Nach solchen Gesetzen aber fragt der Praktiker. Läßt sich nun der Sozialforscher allzu sehr auf Alltagssprache ein, so läuft er Gefahr, ständig derartige Monokausalitäten nahezulegen und damit selber das, was er mitzuteilen hat, zu verfälschen. Auch aus diesem Grunde sieht er sich also häufig gezwungen, umständlicher, abwägender und einschränkender zu formulieren als in der normalen Umgangssprache.

Nichtsdestoweniger – bei dieser allgemeinen Forderung müssen wir es hier bewenden lassen – sollte sich der Wissenschaftler niemals komplizierter ausdrücken, als es von der Sache her unbedingt nötig ist. Und wo sich eine Fachsprache nicht vermeiden läßt, muß er erklären, in welcher Bedeutung er seine Begriffe verwendet.

8. Wissenschaftstheoretische Aspekte

8.1 Szientismus und Humanismus

In der gegenwärtigen Kommunikationswissenschaft spielt sich eine Auseinandersetzung ab, die letztlich auf die alte Konfrontation von Natur- und Geisteswissenschaften zurückzuführen ist, sich jedoch in den Sozialwissenschaften heute mit anderen Argumenten unter anderen Perspektiven vollzieht.

Bereits bei der Erörterung von Methodenfragen im Abschnitt 7.3 wurden zwei Muster angesprochen, die dem sozialwissenschaftlichen Denken und Forschen zugrunde liegen können, nämlich "quantitative" und "qualitative" Ansätze. Auf einer abstrakteren wissenschaftstheoretischen Ebene begegnen wir dieser Gegenüberstellung wieder, doch gibt es dafür bislang keine Begriffe, auf die sich die Wissenschaftler hätten einigen können. Gegenwärtig scheint sich (vor allem im englischen Sprachbereich) das Begriffspaar "Szientismus" und "Humanismus" durchzusetzen[142]. In den deutschen Sozialwissenschaften steht für "Szientismus" oft die (mehrdeutige) Bezeichnung "Positivismus" und für "Humanismus" "interpretatives Paradigma".

---

[142] Dabei läßt man freilich außer acht, daß das Wort "Humanismus" schon seit langer Zeit mit einer ganz anderen Bedeutung besetzt ist.

Der Szientismus geht von dem Grundsatz aus: Ziel der Wissenschaft ist es, zu eindeutigen und überprüfbaren Aussagen über den Untersuchungsgegenstand zu kommen. Nur Tatsachen zählen. Durch eine rigorose Selbstbeschränkung auf Ansätze und Methoden, die dem Erfassen von Tatsachen dienen, erlangen die empirischen Wissenschaften ein hohes Maß an Sicherheit, Gültigkeit, Verläßlichkeit. Aber sie erreichen dies nur dadurch, daß sie sich von Metaphysik und Spekulation ebenso distanzieren wie von Intuition, von Verstehen, von Intention, Sinn, historischem Denken und Dialektik. Auch der Innenaspekt, das Erleben, wird weitgehend ausgeklammert.

Auf diese Weise kommen die szientistischen Sozialwissenschaften ihren Idealen – Objektivität, Eindeutigkeit, Quantifizierbarkeit – sehr nahe; ganz erreichen können sie diese Ideale im Humanbereich nie.

Der Szientismus birgt in sich Momente, die ihn in besonderem Maße zur Selbstverteidigung tauglich machen. Seine deklarierten Ideale, umrissen mit Forschungszielen wie „Tatsachenwissen", „Eindeutigkeit", „Überprüfbarkeit" „Objektivität", suggerieren demjenigen, der sich diese Ziele zu eigen macht und ihnen nachstrebt, die Vorstellung von Sicherheit, Gewißheit, Solidität, Zuverlässigkeit. Der Szientismus tendiert somit schon von seinem Ansatz her zur Selbstbestätigung als einzig "richtige" Form von Wissenschaft.

Die Szientisten strebten ursprünglich eine "Einheitswissenschaft" an, die am Vorbild der Naturwissenschaften ausgerichtet ist. An dieser Orientierung entzündete sich die Grundsatzkritik der Humanisten: Naturwissenschaftliches Denken – so das Hauptargument – wird den Eigenarten

menschlichen und insbesondere menschlich-sozialen Verhaltens und Handelns nicht gerecht. Auch die Humankom-
munikation entzieht sich in wesentlichen Teilen dieser
Sichtweise. "One of the most obvious weaknesses of the
analytic-reductionist-quantitative approach is its lack of
sensitivity to the complex, transactional nature of human
communication phenomena."[143] Dazu auch die Äußerung eines Systemtheoretikers: "Der methodische Minderwertig-
keitskomplex der Sozialwissenschaften ist völlig verfehlt;
das besinnungslose Nacheifern naturwissenschaftlicher Exaktheit durch künstliche Reduktion von Zusammenhängen
auf wenige Variable schlichter Anachronismus. Denn heute
geht es für beide Wissenschaftsbereiche darum, ein neues
Instrument für die Analyse hochkomplexer organisierter
Systeme zu entwickeln."[144]

Den szientistisch-positivistischen Richtungen, die heute
weithin die empirischen Sozialwissenschaften beherrschen, begegnen die "Humanisten" mit der Forderung nach
ganzheitlichen Konzepten: Die "molekulare" Betrachtungsweise sei durch einen "molaren" Ansatz zu ersetzen[145].
Ihr Ziel ist es, " to understand phenomena and situations as
a whole... The researcher strives to understand the gestalt,
the totality, and the unifying nature of particular settings.
This holistic approach assumes that the whole is greater
than the sum of ist parts ... In contrast to experimental de-
signs which manipulate and measure the relationships
among a few carefully selected and narrowly defined va-

---

[143] Y. Y. Kim: Searching for creative imagination, S. 25
[144] H. Willke: Systemtheorie, S. 118
[145] P. G. Zimbardo: Psychologie, S. 680

riables, the holistic approach to research design is open to gathering data on any number of aspects of the setting under study in order to put together a complete picture of the social dynamic of a particular situation or program."[146] Als dem Humanbereich wenig angemessen betrachten die Humanisten das einfache Kausaldenken: „Simultaneous shaping rather than temporally contingent causation seems a more useful concept under such circumstances."[147]

Die streng szientistische Position wird also von einer Reihe von Sozialwissenschaftlern als nicht haltbar betrachtet. Nicht nur, weil ein Verzicht auf die Dimension der Werte, des Sinnes und der Intentionen sowie die Ausklammerung des Einmaligen und des Subjektes die Welt auf den Teilaspekt des "Gesetzmäßigen" reduziert, sondern auch, weil nach Ansicht dieser Wissenschaftler der Glaube an die Möglichkeit eines solchen Ausklammerns auf einer subjektiven Täuschung im Selbstverständnis der Szientisten beruht, denn jede analytische Forschung, jede Hypothesenbildung setzt ein Vorverständnis voraus, das Werte, Sinn und Tradition bereits impliziert.

In der Gegenrichtung lehnen die meisten Szientisten die humanistische Orientierung als "vorwissenschaftlich" oder gar als "unwissenschaftlich" ab. So schreibt beispielsweise der Szientist Ithiel de Sola Pool: "There is, of course, a large and dull literature that claims to have overthrown empirical behavioral research. It condemns quantification and controlled observation as arid, naive, banal, and even re-

---

[146] M. G .Patton: Qualitative evaluation methods, S. 40
[147] E. G. Guba und Y. S. Lincoln: Epistemological and methodical bases of naturalistic inquiry, S. 242

actionary and immoral. There is a simple recipe for these essays: avoid measurement, add moral commitment, and throw in some of the following words: social system, capitalism, dependency, positivism, idealism, ideology, autonomy, paradigm, commercialism, consciousness, emancipation, cooptation, critical, instrumental, technocratic, legitimation, praxioloy, repressive, dialogue, hegemony, contradiction, problematic. Nothing is particularly new in these critiques of empirical research, though the dictionary of in-words changes with each generation."[148]

Die Humanisten stellen zwar einerseits eine in sich recht uneinheitliche Gruppierung dar, doch weisen sie andererseits beachtliche Gemeinsamkeiten auf. Sie machen Konzepte wie "Phänomenologie" und "Lebenswelt", "holistisch", „hermeneutisch", "interpretativ", „Sinn", "Bedeutung", "Verstehen" zur Grundlage ihres wissenschaftlichen Denkens. Hierher gehört insbesondere die Theorie von den symbolischen Interaktionen, der Nutzenansatz und verschiedene weitere Richtungen, so zum Beispiel Erving Goffman mit seiner "Rahmen-Analyse", Klaus Krippendorf mit dem Plädoyer für eine "epistemologische " anstatt der "ontologischen" Sichtweise oder auch der "Kontextualismus". – Gemeinsam ist ihnen allen eine Frontstellung zum Szientismus, ein Mißtrauen gegenüber analytischen Verfahren und rein kausalem Denken. Zusammenfassend lassen sich die beiden Grundpositionen sozialwissenschaftlichen Denkens und Forschens so beschreiben (wobei der Autor statt "szientistisch" das Wort "positivistisch" benutzt).

---

[148] I. de Sola Pool: What ferment? S. 260

"The positivist approach is characterized by analytic-reductionist-mechanistic-behavioral-quantitative approaches to research. It embodies the spirit of natural science, and has been strongly identified as the scientific approach in communication for the past several decades. Inquiries in this tradition typically attempt to 'isolate' and 'detach' separate elements and then bring them together into theoretical relationships. The most theoretically useful units of observation and analysis are assumed to be the smallest units of a given phenomenon, with larger units being simply their aggregate. Typically a proposition consists of one or more 'independent' (or explained) concepts. Once key concepts are identified, their interrelationships are identified according to the 'law of association' in the form of 'if A then B'. In this positivist tradition, theory is commonly viewed as a set of principles, often called axioms or laws, that are taken as 'nomothetic' statements, from which a set of probabilistic statements, called propositions or theorems, are derived. In this tradition, causality is essentially one-way and linear, and prediction (and this control of outcome) is its most desirable goal... The positivist tradition has been recently challenged by a number of alternative approaches including constructivist rules, critical, and interactionist approaches. These approaches commonly follow the humanist tradition in the philosophy of science. Although distinct from one another, these relatively new approaches commonly view the predominant positivist approach as a t least partly inadequate in studying communication phenomena. Instead, they emphasize the synthetic-holistic-ideographic-contextual methodology... Unlike the positivist emphasis on predicting the outcome of a given phenomenon, the humanist tradition concentrates on describing the nature of the phenomenon as it unfolds. Instead of attempting to control the phenomenon, the humanist tradition stresses the 'freedom' of individuals and of understanding the course of actions taken by individuals. Grounded in the phenomenological philosophy, the humanist investigator views the extent of phenomenal reliability fundamentally as a matter of personal, subjective construction and strives to identify the structures of human experience as the organizing principles that give form and meaning to the 'life-world'. Based on the hermeneutic (interpretive) approach, the humanist study concentrates on the historical meaning of experience and its development and cumulative effects at both the individual and social levels... The primary theoretical goal in this tradition is, thus, to provide an ideographic description and explanation of a given communication phenomenon. In doing so, a theorist attempts to preserve the structure generated by the individuals participating in the communication event, rather than to generate universal lawlike statements imposed by the theorist."[149]

---

[149]   Y. Y. Kim: On theorizing intercultural communication, S. 16f

Die beiden folgenden Übersichten verdeutlichen in Form einer Gegenüberstellung die Hauptmerkmale des Szientismus und des Humanismus:

The humanistic metaphysic	The positivistic metaphysic
1. Human beings construct multiple realities.	1. There is a single reality composed of discrete elements.
2. Researcher and phenomenon are mutually interactive.	2. The researcher and the phenomenon are independent.
3. Research inquiry is directed toward the development of idiographic knowledge.	3. It is possible and desirable to develop statements of truth that are generalizable across time and context.
4. Phenomenal aspects cannot be segregated into 'causes and effects'.	4. Elements of reality can be segregated into causes and effects.
5. Inquiry is inherently value-laden	5. It is possible and desirable to discover value-free objective knowledge.[150]

---

[150] E. C. Hirschmann: Humanistic inquiry in marketing research, S. 239

In der nächsten Übersicht steht "rationalistic" für "szientistisch" und "naturalistic" für "humanistisch".[151]

Subject of Axiom	Paradigm	
	Rationalistic	Naturalistic
Reality	Single, tangible, convergent, fragmentable	Multiple, intangible, divergent, holistic
Inquirer/respondent relationship	independent	interrelated
Nature of truth statements	Context-free generalizations nomothetic statements focus on similarities	Context-bounded working hypotheses idiographic statements focus on differences
Attribution/explanation of action	"Real" causes; temporally precedent or simultaneous; manipulable; probabilistic	Attributional shapers; interactive (feedforward and feedback); nonmanipulable, plausible
Relation of values to inquiry	Value-free	Value-bound

---

[151] E. G. Guba und Y. S. Lincoln: a.a.O., S. 237

Lange Zeit standen sich die beiden Lager feindselig und unversöhnlich gegenüber. Jede Seite versuchte, der anderen die wissenschaftliche Dignität abzusprechen. Doch mehren sich auf beiden Seiten Äußerungen, die auf eine gewisse Annäherung schließen lassen, Dafür zwei Beispiele: "Finally, we would like to warn against the adoption of these procedures as another orthodoxy. The suffocating grip which the rationalistic paradigm and experimental methods have exerted on the social and behavioral sciences for so many years should serve as warning that no one set of procedures may be taken as gospel or represent prescriptions for how inquiry must be done. Rather, any group of procedures represents merely a set of guidelines that may facilitate the development of this new mode of inquiry."[152] "Can 'scientific' explanation of human behavior take place without consideration of the 'humanistic' knowledge of the observed person? This question is the central philosophical issue of social science. It is a question that has provoked considerable concern and debate to the point that some observers believe that the social sciences are in an identity crisis. Controversy about the nature of inquiry into human life is common in social science. In previous years the majority of social scientists believed that scientific methods alone would suffice to uncover the mysteries of human experience. Today, most social scientists realize that although scientific methods are an important aspect of their scholarship, a strong humanistic element is present as well. Specifically, the individual subjective response must be considered in understanding how people think and evaluate. The study of

---

[152] a.a.O., S. 249

communication is a social science. It involves understanding
how people behave in creating, exchanging, and interpre-
ting messages. Consequently, communication inquiry combi-
nes both scientific and humanistic methods."[153]

*

Die gegenwärtige Kommunikationswissenschaft wird weithin von szientistischem Denken beherrscht. Humanistische
Ansätze spielen eine vergleichsweise untergeordnete Rolle.
Die szientistische Dominanz wird deutlich sichtbar darin,
daß der "Variablenansatz" den meisten kommunikationswissenschaftlichen Untersuchungen und Konzepten zugrundeliegt. Dieser Ansatz geht von der Vorstellung aus,
daß an Kommunikationsprozessen eine große Zahl von Faktoren und Momenten beteiligt ist, die als "intervenierende
Variablen" diese Prozesse entscheidend mitbestimmen.
Wichtig ist dabei die große Vielzahl möglicher Variablen
und darüber hinaus deren "Interdependenz": Diese Faktoren
"wirken" nicht einzeln, isoliert, voneinander unabhängig,
sondern die meisten von ihnen sind funktional miteinander
verbunden, sie sind "interdependent"; und das bedeutet:
Veränderungen eines Faktors haben fast immer auch bestimmte Veränderungen anderer Faktoren zur Folge.
    Dem Variablenansatz liegt eindeutig ein analytisch-
kausalistisches, also ein szientistisches Denken zugrunde.
    Als eine Möglichkeit, szientistisches und humanisti-
sches Denken auf einer höheren Ebene "aufzuheben" (im
dialektischen Sinne von conservare, negare, elevare) bietet
sich ein Ansatz an, der seit geraumer Zeit auch in der Kom-

---

153 S. W. Littlejohn: Theories of human communication, S. 11

munikationswissenschaft eine beachtliche Position einnimmt: der Systemansatz: "Systems tradition argues against the 'insensitivity' of the positivist approaches in the complex, transactional, dynamic nature of human communication phenomena. Bateson (1972), for example, regarded as committing 'heuristic error' the notion of deterministic relationships between independent and dependent variables. Such a systems-based perspective emphasizes that communication phenomena are interactive and that interacting elements of a given entity (system) must be viewed as codetermining the outcome being investigated. The systems perspective further recognizes the structure of a system and the modes of information exchange that occur wihin the system or that take place between it and its environment. – The systems perspective shares some commonalities with the positivist tradition in that both encourage investigators to identify lawlike principles and patterns of interaction among systems elements. At the same time, the systems approach, like the humanist approach, views that communication is an emergent and interactive process and that a communication system (whether an individual or two or more individuals) must be understood in its totality. As such, the systems perspective integrates both the external 'objective' patterns and the internal 'subjective' experiences of individuals. These two processes are viewed as inseparable entities operating simultaneously and in concert."[154]

---

[154]   Y. Y. Kim: a.a.O., S. 18

8.2 Paradigmenwechsel

In der Wissenschaft ist heute viel die Rede von "Paradigma" und "Paradigmenwechsel". Auch in der Kommunikationswissenschaft heißt es immer wieder, mit dieser oder jener Studie sei ein Paradigmenwechsel eingeleitet worden. Damit stellen sich die Fragen: Was ist unter einem Paradigma zu verstehen? Und: Wie steht es in der Kommunikationswissenschaft mit Paradigmen und Paradigmenwechseln?

Den Anstoß für die Paradigmendiskussion gab Thomas S. Kuhn mit seinem Buch "The structure of scientific revolutions" (1962)[155]. Unter "Paradigma" versteht Kuhn die fundamentale Sichtweise einer Wissenschaft. Es geht dabei also nicht um Teilkonzepte oder Einzelthemen, sondern um grundlegende Denkweisen. Ein Paradigma in diesem Sinne ist zu verstehen als das "Insgesamt aus – oft selbstverständlich gewordenen – Theoriekernen, Theorien und Methoden sowie aus dies alles konkretisierenden Forschungsergebnissen und Spielregeln."[156]

Im Laufe der Zeit "verblaßt immer wieder die Überzeugungs- und Bindekraft eines Paradigmas. Die theoretische Forschung wird dann orientierungslos, die empirische Forschung zur funktionslosen 'Faktenhuberei'. Bald müssen grundlegende Fragen neu geklärt werden: welche Theoriekerne können wirklich als brauchbar, welche Theorien als bewährt, welche Ergebnisse als gesichert, welche Metho-

---

[155] Deutsch: T. S. Kuhn: Die Struktur wissenschaftlicher Revolutionen
[156] W. J. Patzelt: Sozialwissenschaftliche Forschungslogik, S. 242

den als nützlich gelten?"[157] Vor dem Hintergrund dieser Krise entwickeln die Wissenschaftler neue Theorien, Konzepte und Spielregeln, und "am Ende dieses Prozesses hat sich ein 'Paradigmenwechsel' vollzogen, und theoretische Forschung kann sich aufs neue in der beschriebenen Weise entwickeln."[158]

Eben diesen Übergang von einem Paradigma zu einem anderen, neuen bezeichnet Kuhn als eine "wissenschaftliche Revolution". "In a scientific revolution, the concepts and operations come to be conceptualized in a radically different fashion, requiring redefintion of an entire field of knowledge. Previous areas of study may die, others may be born, and new weddings may occur."[159]

Mittlerweile ist freilich der Begriff "Paradigmenwechsel" fast schon zu einem Modewort abgesunken. So mancher Wissenschaftler, der etwas Neues vorlegt, ein neues Modell, ein neues Konzept, einen neuen Ansatz, verkündet lautstark, er habe damit einen Paradigmenwechsel eingeleitet. So wird dieser Begriff dermaßen ausgeweitet und ausgehöhlt, daß er nicht mehr dem entspricht, was Kuhn ursprünglich damit gemeint hatte.

Wie steht es nun mit Paradigmen und Paradigmenwechseln in der Kommunikationswissenschaft? Daran, daß diese Disziplin mit dem Variablenansatz als Grundmuster in einer Krise steckt und ganz neue Impulse braucht, zweifeln nur wenige. Somit ist hier ein Paradigmenwechsel fällig. Die neuere kommunikationswissenschaftliche Literatur erweckt

---

[157] a.a.O., S, 243

[158] a.a.O., S. 244

[159] S. W. Littlejohn: a.a.O., S. 28

188

nun oft genug den Eindruck, als habe in dieser Disziplin bereits eine ganze Reihe von Paradigmenwechseln stattgefunden. Einen solchen Anspruch erhebt beispielsweise der Nutzenansatz, aber auch die von Rogers und Kincaid entworfene "Netzwerkanalyse"[160] und etliche andere theoretische Konzepte. Doch erscheint es fraglich, ob es sich dabei wirklich um neue Paradigmen (im strengen Sinne Kuhns) handelt. Soweit sich heute erkennen läßt, fügen sich alle diese neueren Theorien weitgehend dem Variablenansatz ein. Macht man sich diese Auffassung zu eigen, so kann in der Kommunikationswissenschaft bislang von einer "Revolution", von einem echten Paradigmenwechsel kaum die Rede sein, sondern allenfalls von einer Erweiterung und Differenzierung des einen, hergebrachten Paradigmas.

Der Variablenansatz ist eindeutig dem Szientismus zuzuordnen. Szientistisches Denken und Forschen beherrscht weithin die Kommunikationswissenschaft. Dem Humanismus dagegen kommt nur eine vergleichsweise geringe Bedeutung zu. Könnte es sein, daß eines Tages das humanistische Paradigma in der Kommunikationswissenschaft das szientistische ablöst? Damit ist wohl kaum zu rechnen. Zwar gibt es – wie dargelegt – Anzeichen dafür, daß sich die beiden Positionen aufeinander zu bewegen, doch spricht derzeit nichts dafür, daß dadurch die Vorherrschaft des Szientismus in der Kommunikationswissenschaft gefährdet wäre. Ein echter Paradigmenwechsel ist nicht in Sicht.

---

[160] E. M. Rogers und L. Kincaid: Communication networks

9. Perspektiven der Kommunikationswissenschaft

Das Wort "Perspektive" kann zweierlei bedeuten: zum einen "Durchblick" und zum anderen "Ausblick". Dabei bezieht sich der Durchblick auf das, was war und ist, also auf Vergangenheit und Gegenwart, der Ausblick dagegen auf die Zukunft. Beide Formen sind eng miteinander verknüpft und aufeinander bezogen: Das, was war und ist, gibt bestimmte Möglichkeiten und Grenzen für die Zukunft vor; und vorweggenommene Zukunft determiniert in hohem Maße das gegenwärtige Entscheiden und Handeln.

Jede Wissenschaft sieht sich kontinuierlich mit der Forderung konfrontiert, sich über sich selbst sowohl Durchblick als auch Ausblick zu verschaffen. In diesem Kapitel soll kurz angedeutet werden, was diese Forderung für die Kommunikationswissenschaft heute und morgen bedeutet.

9.1 Durchblick

Eine Wissenschaft hat Durchblick, wenn sie weiß, durchschaut und versteht, was sie selber getan hat und tut, aber auch, was sie nicht getan hat und nicht tut. Eine leichte Aufgabe – sollte man meinen; man müßte dafür einfach nur die Fachpublikationen registrieren. Tatsächlich ist jedoch ein wirklicher Durchblick ein schwieriges und aufwendiges Unterfangen. Zunächst ist dabei schon das rein quantitative Ausmaß eines Registrierens zu bedenken; selbst Fachvertreter können sich dieses Ausmaß immer neuer Publikationen nicht mehr konkret vorstellen. Jede Wissenschaft ist heute so weitläufig und differenziert und zudem auf so vielfältige Weise mit anderen Disziplinen verknüpft, daß kein Wissenschaftler in der Lage ist, das ganze Gebiet noch zu überblicken und zu durchschauen. Hinzu kommt, daß durchaus nicht alle Forschungsarbeiten eines Faches planmäßig erfaßt und sinnvoll registriert werden. Und überhaupt nicht erfaßt wird naturgemäß das, was *nicht* untersucht wurde und wird. Kurz: Der Durchblick ist weitaus schwieriger zu erreichen, als es zunächst erscheinen mag; er muß in einem kontinuierlichen, durchdachten Prozeß mühsam erarbeitet werden, durch Anstrengungen, die ein hohes Maß an Kooperation und Koordination aller Beteiligten erfordern. Den gesamten Prozeß dieser Anstrengungen mitsamt den jeweiligen Ergebnissen nennen wir "Bestandsaufnahme".

Für eine Bestandsaufnahme genügt es nicht, die Forschungsarbeiten und Publikationen einfach zu registrieren; vielmehr müssen die Studien auch in eine plausible Ordnung gebracht werden. Das geschieht in allen Bibliotheken, Archiven, Bibliographien durch Einordnen in ein System von inhaltlichen Kategorien. Das ermöglicht zwar einen gewissen Überblick, reicht aber für eine umfassende und differenzierte Bestandsaufnahme nicht aus. Erforderlich ist vielmehr die Orientierung anhand eines Modells[161]. Modelle können zum einen die Hauptfaktoren eines Forschungsfeldes

---

[161] Hierzu Kapitel 4

und deren Interrelationen sichtbar machen. Sie können zweitens als heuristisches Suchschemata dienen, das heißt beim Aufdecken neuer Forschungsfragen mitwirken. Und schließlich können sie als Schema dafür benutzt werden, herauszufinden, wie sich das vorliegende Forschungsmaterial strukturell und quantitativ auf die verschiedenen Faktoren des im Schema repräsentativen "Feldes" verteilt; dabei wird sichtbar, daß bestimmte Teilaspekte häufig und ausgiebig, andere dagegen nur relativ selten und wieder andere gar nicht behandelt worden sind.

9.2 Ausblick

Wer versucht, etwas über die Zukunft auszusagen, geht in der Regel vom hier und heute Gegebenen aus, meist in der stillschweigenden Annahme, dieses Gegebene könne man ja als bekannt voraussetzen. Man will also vom Bekannten her die unbekannte und unsichere Zukunft erschließen. So gehen Futurologie, Prognostik und Trendforschung vor. Freilich haben diese (höchst einträglichen) "Zukunftswissenschaften" ihre zunächst so hochfliegenden Ambitionen im Laufe der Jahre beträchtlich reduzieren müssen; allzu oft hatten sie mit ihren Vorhersagen, insbesondere mit langfristigen, daneben getroffen. Sie hatten die Vielzahl und Komplexität der beteiligten Faktoren, der "intervenierenden Variablen" erheblich unterschätzt. Daraus haben sie gelernt; sie sind mit ihren Prognosen vorsichtiger und bescheidener geworden.

Als irrig erwies sich schon recht früh die Annahme, das Hier und Heute sei gegeben – und also bekannt. Die Gegenwart, in der wir unser Leben leben, ist keine bekannte Größe, die sich einfach als Ist-Wert ins Kalkül einsetzen läßt. Alle Gesellschaften und ganz besonders die hochkomplexen Großgesellschaften unserer Zeit tun sich schwer damit, sich selbst in ihren zeitbedingten Besonderheiten zu erkennen und zu verstehen. So begegnen auch uns heute höchst unterschiedliche, wenn nicht gar widersprüchliche Ansichten über unsere eigene Gesellschaft. Mit gutem Grund und Recht betrachten es die empirischen Sozialwissenschaften als ihre zentrale Aufgabe, Gesellschaften transparent zu machen.

Wer heute Ausblicke in die Zukunft versucht, bedient sich dabei zweckmäßigerweise dessen, was ihm die sozialwissenschaftlichen Gegenwartsforscher zu sagen haben. Dabei sieht er sich jedoch mit zweierlei Schwierigkeiten konfrontiert: Zum einen haben die Sozialforscher beileibe nicht auf alle drängenden Fragen Antworten zu bieten; und zum anderen sind viele Antworten, die sie parat haben, keineswegs durchweg ein für allemal gesicherte Erkenntnisse, sondern vorläufige Feststellungen, die sich jederzeit aufgrund weiterer Forschung als revisionsbedürftig erweisen können; sie sind – streng genommen – Hypothesen, die einer weiteren Prüfung bedürfen. Solange sie nicht falsifiziert sind, gelten sie als Erkenntnisse, aber eben nur als vorläufige nach dem Motto: "Wissenschaft ist der zur Zeit gültige Irrtum".

Wenn wir nun versuchen, einiges zu den Perspektiven der Kommunikationswissenschaft im Sinne von "Ausblick" zu erörtern, dann muß im voraus mit Nachdruck betont werden: Es geht dabei nicht um Prognosen oder Trendaussagen; vielmehr wollen wir, ausgehend von den gegenwärtigen Veränderungen in der Kommunikationslandschaft, einige Aufgaben skizzieren, die sich der Kommunikationswissenschaft heute und in absehbarer Zukunft stellen. Abschließend gehen wir kurz der Frage nach, was die Kommunikationswissenschaft als eine empirische Sozialwissenschaft für die Zukunft zu bedenken und zu berücksichtigen hat.

Ausgangspunkt ist die sehr allgemeine These: Gegenwärtig vollziehen sich tiefgreifende Veränderungen im Bereich von Kommunikation und Information. Manche Autoren behaupten sogar, eben diese Veränderungen seien das Kennzeichen der Gegenwart überhaupt. Diese These kommt in einer Reihe von schlagwortartigen Begriffen zum Ausdruck, mit denen man das Eigene, Besondere und Charakteristische unserer Zeit einzufangen sucht; so etwa, wenn die Rede ist von Postmoderne, Informationsgesellschaft, interaktiven Möglichkeiten, Multimedia, Datenautobahnen, Deregulierung, Internationalisierung, Globalisierung.

Die neue Kommunikationslandschaft ist gekennzeichnet durch eine gewaltige Ausweitung und Differenzierung der Kommunikations- und Informationsmöglichkeiten. Doch werden die herkömmlichen Medien der Massenkommunikation weiter bestehen. Allerdings nimmt ihre Bedeutung im Gesamtspektrum aller verfügbaren technischen Kommunikationsangebote (relativ) ab. Im Rahmen neuer Konstellationen verändern sich die Funktionen, Möglichkeiten und Grenzen eines jeden Mediums.

Es wird immer schwieriger, wenn nicht gar unmöglich, wie bisher zwischen Individualkommunikation und Massenkommunikation zu unterscheiden. Die Grenze zwischen beiden Bereichen löst sich über weite Strecken auf.

Der technisch vermittelten Individualkommunikation kommt immer größere Bedeutung zu.

An Bedeutung gewinnt die mediale Kommunikation für spezialisierte Gruppen, aber auch zwischen spezialisierten Gruppen.

Über die damit angedeuteten Veränderungen in der Kommunikationslandschaft ist in den letzten Jahren eine Unmenge gesagt und geschrieben worden. Eine überzeugende Gesamtdarstellung liegt bislang nicht vor; sie dürfte auch ein äußerst schwieriges Unterfangen sein. Wertvolle Hinweise zu zahlreichen einzelnen Fragen und Aspekten geben u.a. die Beiträge in dem von Hermann Fünfgeld und Claudia Mast herausgegebenen Buch "Massenkommunikation"[162].

Vor dem Hintergrund dieser und anderer Thesen über die Prozesse und Veränderungen in der Kommunikationslandschaft werden nun im folgenden – ohne Anspruch auf Vollständigkeit und Systematik – kurz einige Forschungsaufgaben erörtert, die die Kommunikationswissenschaft in der näheren Zukunft zu bewältigen hat.

(1) Die Kommunikationswissenschaft muß die Prozesse und Veränderungen auf dem Felde von Kommunikation und Information beobachten, analysieren und interpretieren. Besondere Beachtung erfordern dabei die medialen Produktionssysteme mitsamt ihren weitläufigen und komplexen technologischen, politischen, juristischen und wirtschaftlichen Rahmenbedingungen.

(2) Zu untersuchen sind die verfügbaren Angebote (Programme, Inhalte, Formen), und zwar sowohl je einzeln für sich als auch vergleichend und schließlich auch in ihren

---

[162] H. Fünfgeld und C. Mast (Hg.): Massenkommunikation

wechselseitigen Einflüssen, in ihren Interdependenzen (wie zum Beispiel in der These von der "Konvergenz" öffentlich-rechtlicher und kommerzieller Programme).

(3) Besondere Bedeutung kommt den Aspekten des Informationsbedarfs sowie der Akzeptanz und Nutzung von alten und neuen (beispielsweise interaktiven) Angeboten und Möglichkeiten zu.

(4) Zu klären ist ferner die Frage: Wie finden sich die Menschen in neuen, sich ständig wandelnden, sich ausweitenden und ausdifferenzierenden Kommunikationslandschaften zurecht? Werden sie überfordert? Oder verfügen sie über hinreichende Abwehr- und Entlastungsmechanismen ("Abschalten")? Verlieren sie die Orientierung? Oder entwickeln sie neue Orientierungsmöglichkeiten? Welche Vorstellungen von der "Realität" formen sich die Menschen unter dem Einfluß neuer Informations- und Kommunikationsmöglichkeiten?

(5) Ein umfangreiches Untersuchungsfeld öffnet sich mit der Frage: Wie wirken sich die Veränderungen der Kommunikationslandschaft im gesellschaftlichen Bereich aus? Resultieren beispielsweise aus der ständigen Vermehrung, Differenzierung und Spezialisierung technischer Kommunikationsmöglichkeiten neue gesellschaftlich relevante "Klüfte": Wissenskluft, Informationskluft, Kompetenzkluft? Geht die integrierende Kraft und Funktion der öffentlichen Medien verloren? Droht eine allgemeine gesellschaftliche Desintegration? Welche gesellschaftlichen Konsequenzen wird die kommunikative Internationalisierung und Globalisierung haben? Wie wird sich mit den kommunikativen Entwicklungen unsere Kultur verändern?

(6) In der neuen Kommunikationslandschaft verändern sich die Kommunikatorberufe. Daraus resultieren zahlreiche Aufgaben für die Kommunikationswissenschaft. Neu zu bestimmen und zu untersuchen sind beispielsweise die Arbeitsbedingungen und Berufsbilder, das Selbstverständnis der Kommunikatoren, Abhängigkeiten und Zwänge, aber auch ethische Probleme wie etwa Freiheit und Verantwortung usw. Die Kommunikatorforschung muß also ihre alten Fragestellungen unter neuen Blickwinkeln neu durchdenken und auch einige ganz neue Aspekte in den Katalog ihrer Forschungsfragen aufnehmen.

*

Alle diese Aufgaben, mit denen sich die Kommunikationswissenschaft konfrontiert sieht, können nicht durch einmalige, auch nicht durch gelegentlich wiederholte Untersuchungen gelöst werden. Was von der Kommunikationswissenschaft gefordert wird, ist vielmehr eine umfassende kontinuierliche und planmäßige Begleitforschung. Allerdings sollte man sich dabei nicht an der "Kabelpilotprojektbegleitforschung" der achtziger Jahre orientieren, denn die damals praktizierte Begleitforschung, ohnehin räumlich und zeitlich begrenzt und als "Experiment" angelegt, verlief in hohem Maße unkoordiniert und ohne Kooperation, und die Ergebnisse fielen dementsprechend bescheiden, ja dürftig aus. Was heute als Begleitforschung zu leisten ist, bedarf einer durchdachten Planung oder - wenn man so will - einer Forschungsstrategie. Es ist an der Zeit, dieses zweifellos gewaltige Forschungsvorhaben in gemeinsamen Anstrengungen in Angriff zu nehmen.

*

Angesichts des Umbruchs in der Kommunikationslandschaft und der daraus resultierenden Aufgaben muß die Kommunikationswissenschaft ihr Instrumentarium von Begriffen und Konzepten überprüfen und sicher in vielen Punkten auch korrigieren. Was bedeutet in Zukunft "Individualkommunikation" und "Massenkommunikation"? Worin unterscheiden sich die beiden voneinander? Gibt es zwischen ihnen noch scharfe, klare, eindeutige Grenzen? Oder nur fließende Übergänge? Oder erweist sich diese Unterscheidung gar als überflüssig, weil bedeutungslos? – Was bedeuten künftig Begriffe wie "Medium", "Kommunikator", "Rezipient"? Sind sie überhaupt noch brauchbar? Bedarf die Kommunikationswissenschaft möglicherweise einer ganz neuen Nomenklatur? Erste Vorschläge liegen auf dem Tisch. So hält es Goertz für zweckmäßig, statt "Rezipient" "Beteiligter" zu sagen, und statt "Kommunikator" "Organisierender Beteiligter"[163]. Ob sich freilich derartige wenig handliche Wortgebilde durchzusetzen vermögen, bleibt abzuwarten.

*

Am Schluß des Ausblicks gehen wir noch kurz der Frage

---

[163] L. Goertz: Wie interaktiv sind Medien?, S. 484. Dort heißt es u.a.: "Die Veränderung des Rezipientenbegriffs wird notwendig, weil der Rezipient nun auch in den Kommunikationsprozeß eingreifen kann, also nicht nur 'Aufnehmender' ist. Neutral kann man ihn daher als 'Beteiligten' bezeichnen. Der Kommunikator, der im Extremfall überhaupt keine Aussagen mehr produziert, sondern lediglich den technischen Ablauf der Kommunikation kontrolliert, wird auf diese Weise zum 'Organisierenden Beteiligten'.

nach, wie es mit der Zukunft dieser Disziplin als Wissenschaft bestellt ist. Läßt der gegenwärtige Stand Aussagen darüber zu, wie sich die Kommunikationswissenschaft weiterentwickeln wird? Darüber haben sich die Kommunikationswissenschaftler bisher nur gelegentlich Gedanken gemacht; und so gibt es nur wenig, auf das wir zurückgreifen könnten. Deshalb begnügen wir uns hier in einem ersten, noch wenig ausgereiften Versuch damit, einige Thesen zu formulieren, Thesen oder Hypothesen, die als noch ganz vorläufige Annahmen zu verstehen sind, die es aber wert erscheinen, diskutiert zu werden.

(1) Das Denkmuster des Szientismus wird auch weiterhin die dominierende Sichtweise der Kommunikationswissenschaft bleiben[164]. Der "Humanismus", gekennzeichnet durch Attribute wie "interpretativ", "hermeneutisch", "qualitativ", bleibt zwar die Angelegenheit einer relativ kleinen Minderheit, kann aber an Bedeutung gewinnen, insbesondere dann, wenn sich ein entsprechender allgemeiner Wertorientierungswandel vollziehen sollte. Die sich gegenwärtig abzeichnende Annäherung der beiden bisher antagonistischen Positionen im Sinne eines besseren wechselseitigen Verstehens bis hin zu kooperativem Forschen wird sich vermutlich fortsetzen; sie verdient Pflege und Förderung.

(2) Die Grenzen zwischen der Kommunikationswissenschaft und benachbarten Disziplinen verwischen sich immer mehr. Es entstehen und verstärken sich Zwischenpositionen, die sich beiden Seiten gleichermaßen zuordnen lassen, dabei aber tendenziell darauf zusteuern, eine neue, ei-

---

[164] Vgl. dazu Abschnitt 8.1

genständige Disziplin zu bilden. Dies gilt zum Beispiel für Medienpädagogik, Medienpsychologie, Medienpolitik, Medienrecht, Medienwirtschaft. „Nach Swanson sind die zentrifugalen Kräfte der Kommunikationsforschung stärker als die integrativen: Verschiedene Forschungsrichtungen, in die das Wissen anderer Richtungen und Disziplinen einfließt, sowie die Cultural Studies trieben die Kommunikationswissenschaft auseinander. Lediglich das gemeinsame Interesse an Kommunikation halte die Wissenschaft noch zusammen. Ähnlich beobachtet auch Rosengren, daß sich verschiedene Forschungsansätze, beispielsweise in der Rezeptionsforschung, seit den achtziger Jahren isolieren."[165] Der Kommunikationswissenschaft erwächst daraus die Aufgabe, sich stärker als bisher um die Integration ihrer Teile zu bemühen.

(3) Neue Extrempositionen schwächen sich im weiteren Verlauf der Forschung ab; sie bewegen sich auf eine gemäßigte mittlere Position zu und lassen sich damit besser in den jeweiligen Forschungsstand integrieren. Dieses Phänomen ist zwar auch in zahlreichen anderen Disziplinen zu beobachten, doch muß gerade eine junge Disziplin wie die Kommunikationswissenschaft solche Prozesse sorgsam registrieren und verarbeiten. Immer wieder tauchen in dieser Disziplin extrem formulierte Konzepte oder Theorien auf mit dem Anspruch, etwas ganz Neues auszusagen und einen Paradigmenwechsel einzuleiten, durch den vieles Alte hinfällig wird. Im weiteren Verlauf, insbesondere durch weitere Untersuchungen, erweisen sich dann diese "Entdeckungen"

---

[165] P. Ludes und G. Schütte: Für eine integrierte Medien und Kommunikationswissenschaft, S. 33

in ihrer extremen, apodiktischen Fassung als nicht haltbar; Geltung können sie dann nur noch unter bestimmten Bedingungen, bei bestimmten Faktorenkonstellationen beanspruchen – wie die meisten sonstigen Forschungsergebnisse auch. Eine derartige Entwicklung war beispielsweise beim "Nutzenansatz" ("Uses- and Gratification-Approach") zu beobachten, von dem seine Urheber (die sich dabei zum Teil viel älterer Einsichten bedienten, ohne dies ausdrücklich zu erwähnen) behaupteten, dieser Ansatz sollte den "Wirkungsansatz" ersetzen, den man also getrost über Bord werfen könnte; die Frage "Was machen die Medien mit den Menschen?" müsse abgelöst werden durch die Frage "Was machen die Menschen mit den Medien"? Dann jedoch setzte sich eine Einsicht durch, die mittlerweile Allgemeingut ist und heute fast schon banal klingt, die Einsicht nämlich, daß der Nutzenansatz den Wirkungsansatz nicht ersetzen kann, sondern daß vielmehr beide Ansätze einander ergänzen und in Wechselbeziehungen miteinander verbunden sind. – Eine solche Verschiebung von einer Extremposition zu einer gemäßigten, weil eingeschränkten Sichtweise war in der Kommunikationswissenschaft auch bei etlichen weiteren Theorien oder Konzepten zu konstatieren, so u.a. bei der Theorie von der mehrstufigen Kommunikation mitsamt dem Konzept von den Meinungsführern oder auch bei der Theorie von der "kognitiven Dissonanz". Angesichts dieser Erfahrungen erscheint es durchaus möglich, daß auch der "Radikale Konstruktivismus", dessen Extremposition schon mit diesem Namen betont wird, zu dem viel älteren gemäßigten Konstruktivismus zurückfindet.

(4) Fächerübergreifende Theorien gewinnen (auch) in der Kommunikationswissenschaft an Boden. Eine solche Entwicklung ist in den Naturwissenschaften schon seit geraumer Zeit zu beobachten: Immer allgemeinere Theorien übergreifen immer mehr Einzeldisziplinen; sie zielen letztendlich auf eine alles umfassende "Weltformel" hin. In den Sozialwissenschaften ist nun eine gleichartige Tendenz offenkundig, wenngleich wohl nicht mit einem so hoch gesteckten Endziel. Als Beispiele sind die Kybernetik, die Systemlehre und der Konstruktivismus zu nennen. Das sind imposante Denkgebäude, die freilich alle an einer gleichsam "angeborenen" Schwäche leiden: Je übergreifender, also allgemeiner eine Theorie ist, desto abstrakter ist sie; und zunehmende Abstraktheit bedeutet immer eine Abnahme an konkretem Inhalt oder Gehalt; letzte Abstraktheit (etwa in einer "Weltformel") ist somit zwangsläufig gleichzusetzen mit Inhaltsleere. – Übergreifende Theorien sind also verbunden mit relativ wenig konkretem Inhalt. Darin liegt wohl der Grund für die unbestreitbare Tatsache, daß etliche Wissenschaftler und erst recht zahlreiche Studierende mit derart abstrakten Denksystemen nur wenig anzufangen wissen. Es fällt ihnen schwer, die Verbindung zwischen solchen inhaltsarmen Denkebenen und dem Lebensalltag herzustellen und so den Zweck und Nutzen von übergreifenden Supertheorien zu erkennen, einzusehen und anzuerkennen.

10. Zum Bild vom Menschen in der Kommunikationswissenschaft

Die Kommunikationswissenschaft ist eine Wissenschaft vom Menschen. Unausweichlich liegt ihr ein Bild vom Menschen zugrunde, ein Konzept von dem, was der Mensch ist, von seinen Eigenheiten und damit auch von seinen Möglichkeiten und Grenzen. In anderen Humanwissenschaften widmet man diesem Bild beträchtliche Aufmerksamkeit; so expliziert beispielsweise Esser in seinem Werk "Soziologie" ausführlich die biologischen und anthropologischen Grundlagen dieses Faches[166]. Dagegen haben sich in der Kommunikationswissenschaft nur einige ganz wenige Forscher überhaupt um diesen zentralen Fragenkreis gekümmert. Sicher wäre es möglich, aus der kommunikationswissenschaftlichen Literatur herauszuarbeiten, von welchem Menschenbild oder richtiger: von welchen Menschenbildern man in dieser Disziplin ausgeht; doch das bedürfte umfangreicher und schwieriger Studien.

Um wenigstens anzudeuten, was mit dem "Bild vom Menschen" gemeint ist, wird im folgenden ganz skizzenhaft ein solches Bild entworfen, wie es sich der Verfasser aus philosophischen und anthropologischen Quellen zusammengezimmert hat; zu diesen Quellen gehören insbesondere die

---

[166] H. Esser: Soziologie, S. 141 ff

Arbeiten von Max Scheler, George Herbert Mead, Helmuth Plessner, Nicolai Hartmann, Alfred Schütz und Arnold Gehlen. Jedoch ist dabei immer zu bedenken, daß Menschenbilder zeitbedingt sind, sich also ständig wandeln.

Den Ausgangspunkt bildet die Frage, worin sich denn der Mensch wesentlich und wesenhaft vom Tier unterscheidet. Bei aller sonstigen Verschiedenheit der Sichtweise stimmen Psychologen, Biologen, Soziologen und Anthropologen heute weitgehend darin überein, daß die üblicherweise aufgezählten spezifisch menschlichen Charakteristika wie Intelligenz, Beherrschung des Feuers und systematische Verwendung von Werkzeugen zwar durchweg den Menschen charakterisieren und vom Tier abheben, jedoch mehr als Symptome oder Äußerungen noch tiefliegender Wesensmerkmale denn als die Grundmerkmale selbst zu verstehen sind. Die grundsätzliche Verschiedenheit von Mensch und Tier – bei aller Berücksichtigung einer Fülle von biologischen Gemeinsamkeiten – ist im Verhältnis zur Welt zu sehen: Das Tier ist reiz- und dranggebunden, umwelt- und augenblicksverhaftet. Seine Verhaltensweisen lassen sich nahezu vollständig erklären als eine Resultate aus den Komponenten

- Bau, Organe, Konstitution
- Bedürfnis, Drang, Trieb, Instinkt
- Außenweltreize, die mit den jeweiligen Bedürfnislagen korrespondieren.

Das bedeutet: Auftretende Mängel werden, soweit sich in der Außenwelt Möglichkeiten anbieten, sofort, unmittelbar beseitigt. Das Tier muß bei einer bestimmten Mängellage auf bestimmte Reize oder "Marken" der Umwelt in relativ starrer, artspezifisch festgelegter Weise reagieren, um die Bedürfnisspannung zu beseitigen. Der Funktionskreis zwischen "Merken" und "Wirken" – um in der Uexküllschen Terminologie zu sprechen – ist absolut geschlossen. Daran ändert auch die Tatsache nichts, daß durch Dressur oder "bedingte Reflexe" Hemmreize gesetzt werden können, die stärker sind als die Verwirklichungsreize und dadurch die Realisierung eines Dranges oder Triebes verhindern.

Ganz anders beim Menschen: Wie Gehlen sehr instruktiv herausgearbeitet hat, ist der Mensch konstitutionell ein nicht festgelegtes, also unspezialisiertes "Mängelwesen", das auf Handlung in einem Feld unbegrenzter Möglichkeiten hin angelegt ist. Die damit gestellte Aufgabe der Lebensbewältigung kann er nur dadurch lösen, daß er sich vom Druck des Augenblicks, vom Drang der Bedürfnisse und der darauf abgestimmten Umweltreize befreien kann. Er kann mit Hilfe einer kontrollierenden Zwischeninstanz Hemmungen setzen zwischen Merken und Wirken, zwischen Aufnehmen und Reagieren, er kann den Funktionskreis unterbrechen und damit zu einem höchst komplizierten, durch Interdependenzrelationen gekennzeichneten Handlungskreis öffnen. Er hat Distanz zu den Dingen und zum Geschehen des Augenblicks. Damit werden die Dinge zu "Objekten", und dadurch kommt es schließlich zu den spezifisch menschlichen Merkmalen, die wir schon kurz nannten. Durch diese Distanz, durch diesen Hiatus zwischen Antrieb und Verhalten, Ich und Welt hat der Mensch Erinnerung und Phantasie, und das heißt Vergangenheit und Zukunft. Der Mensch ist als weltoffenes, anpassungs- und abstraktionsfähiges Wesen ein konstitutionell historisches Wesen. Seine Energie ist nicht an feste Objekte gebunden, sondern "frei". Dadurch verfügt er über einen Energieüberschuß, den er auf Dinge richten kann, die biologisch nicht notwendig sind, und damit ist er ein "Kulturwesen".

Was wir hier für den Menschen als handelndes Wesen ganz allgemein ableiteten, gilt nun auch in vollem Umfang in dem sehr viel engeren Bereich der menschlichen Wahrnehmung. Eine wichtige Grunderkenntnis der neueren Psychologie besteht in der Einsicht, daß Wahrnehmen grundsätzlich kein passives Aufnehmen und Registrieren von Außenweltreizen ist. Wahrnehmen, und zwar jedes Wahrnehmen, ist aktives Gestalten; nicht nur in dem Sinne, daß der Mensch die unendliche Fülle der auf ihn eindringenden und von den Rezeptoren physiologisch aufgenommenen physikalischen Reize in jeweils Wichtiges und Unwichtiges, Bedeutsames und Belangloses, in Figur und Grund aufgliedert; ein Vorgang, dem wir schon beim Tier begegnen, wenn auch wie bereits gezeigt, in umwelt- und bedürfnisgebundener Form. In die menschliche Wahrnehmung geht vielmehr ständig und grundsätzlich der ganze Reichtum subjektiver Erfahrung mit ein, eingebettet in die gesamte Persönlichkeitsstruktur eines Menschen einschließlich dessen, was ihm sein Entwicklungsgang sowie seine materiale und sozialkulturelle Umwelt an Sicht- und Denkweisen mitgegeben hat. Wenn also der Mensch in der Wahrnehmung Welt erlebt, dann weder objektiv-neutral noch passiv. Vielmehr ist bei jeder Wahrnehmung der ganze Mensch aktiv, projektiv und gestaltend beteiligt.

Unsere anthropologischen Erörterungen zeigen, daß eines der wesentlichsten spezifisch menschlichen Merkmale die Fähigkeit ist, sich vom Hier und Jetzt abzulösen. Und eben das ist in reinster Ausprägung jenes Phänomen, das wir Phantasie nennen. In der Phantasie ist der Mensch in der Lage, sich in andere Situationen als seine gegenwärtige reale hineinzuversetzen, seien es nun vergangene, seien es vorweggenommene künftige oder auch solche ohne ausgeprägte Zeitbeziehung. Und durch diese Fähigkeit ist er imstande, trotz seiner Mängellage das "unendliche Überraschungsfeld", in das er sich hineingestellt sieht, zu bewältigen. Die Phantasie kann demnach zweierlei leisten: Sie kann künftiges Handeln vorwegnehmen und damit dieses Handeln schon vor dem realen Vollzug am möglichen oder wahrscheinlichen Erfolg oder Mißerfolg ausrichten und steuern; ein Vorgang, den vor allem Gehlen in seiner Lehre vom Handlungskreis umfassend analysiert hat. Sie kann aber auch unabhängig von einem künftigen Handeln tätig sein, dann nämlich, wenn der Mensch sich im Phantasieren in Situationen versetzt, die ihm im realen Leben unerreichbar sind.

Als eine spezifisch menschliche Fähigkeit ist schließlich das Denken in Kausalzusammenhängen zu erwähnen, das in strenger Form zu "Gesetzen" führt im Sinne von "Immer wenn A, dann auch immer B". Kausales Denken ist zu verstehen als ein Mittel zur Reduktion von Komplexität. Ohne eine solche Reduktion wäre der Mensch als weltoffenes Wesen nicht überlebensfähig; er würde von der Fülle der Welt überwältigt und erdrückt werden. – Entgegen der landläufigen Annahme, die Kausalität vollziehe sich unabhängig vom Menschen im Dadraußen, weisen Philosophen und Anthropologen mit Nachdruck darauf hin, daß erst der Mensch mit seinem Denkapparat Kausalzusammenhänge stiftet oder "konstruiert", und dies ist u.a. darauf zurückzuführen, daß der Mensch in seiner Evolution sich in eine Welt hineingepaßt hat, in der sich dieses Denken als nützlich und hilfreich für das Überleben der Gattung erwiesen hat. So ist es zu erklären, daß der Mensch dazu tendiert, immer und überall Kausalzusammenhänge zu sehen, auch da, wo dieses Denken an der Realität vorbeizielt – so etwa auch bei dem Versuch, Medien"wirkungen" einfach kausal, und zwar mit Vorliebe monokausal zu deuten.

*

Dieses hier nur in Umrissen angedeutete Bild vom Menschen ist nun noch durch eine wichtige Komponente zu ergänzen: Der Mensch in seiner heutigen Erscheinungsform ist zu verstehen als das (vorläufige) Ergebnis einer Evolution, einer Entwicklung, die sich über gewaltige Zeiträume erstreckt. Wie uns die Anthropologen lehren, kommt dem „Homo sapiens" darin nur eine winzige Zeitspanne zu, nämlich etwa die letzten 70 000 Jahre, also der Bruchteil einer Sekunde in der Gesamtevolution[167].

Diese evolutionäre Perspektive hat wichtige Konsequenzen für unser Bild vom Menschen:

Das Konzept von der Evolution bietet plausible Antworten an auf die Frage, wie denn der Mensch etwas wissen kann von der Welt, in der er lebt. Das ist eine erkenntnistheoretische Frage, die den Philosophen immer schon zu schaffen gemacht hat. Die Evolutionstheoretiker haben dazu nun ein eigenes, recht plausibles Konzept entwickelt, das hier jedoch nur ganz kurz und knapp angedeutet werden

---

[167] Dazu u. a. H. Esser: a.a.O., S. 214

kann. Wir bedienen uns dabei weitgehend der ausgezeichneten Darstellung von Patzelt in seinem Buch „Sozialwissenschaftliche Forschungslogik".

„Alles Leben beruht auf Austauschprozessen zwischen dem lebenden Organismus und seiner Umwelt (seiner 'außen' bestehenden Wirklichkeit). Diese Austauschprozesse können nur dann ablaufen, wenn ein Organismus so aufgebaut ist, daß seine Beschaffenheit in den für jene Austauschprozesse wichtigen Merkmalen zur Beschaffenheit seiner Umwelt paßt ('Passung'). Nur jene Organismen können überleben, deren Gene durch Mutation und Selektion es schaffen, der Gestalt ihrer Organismen 'Wissen' um die Beschaffenheit ihrer Umwelt einzuprägen (zu 'in-formieren'). Dann bildet die Beschaffenheit des Organismus gewissermaßen die für ihn wichtigen Merkmale seiner Umwelt ab... Der zu solcher Passung führende Evolutionsprozeß kann darum als Erkenntnisprozeß aufgefaßt werden und stellt sicher, daß es grundsätzlich möglich ist, Merkmale der 'außen' bestehenden Wirklichkeit in einem Organismus abzubilden.

Eine neue Evolutionsstufe war erreicht, als Organismen die Beschaffenheit ihrer Umwelt nicht nur einfach in ihrer Struktur abzubilden verstanden, sondern als die Entwicklung des Zentralnervensystems folgende zusätzlichen Möglichkeiten eröffnete:

– Informationen über die Beschaffenheit der Umwelt lassen sich in Form eines Gedächtnisses speichern.

– Anhand des Gedächtnisses können Umweltzustände voneinander so unterschieden werden, daß auf sie mit jeweils geeigneten, genetisch fixierten Verhaltensrepertoires zu reagieren ist.

- Im Gedächtnis enthaltene Informationen über die Beschaffenheit der Umwelt lassen sich willkürlich, bei hochentwickelten Lebewesen sogar bewußt abrufen; desgleichen lassen sich Reaktionsmöglichkeiten erst einmal vorstellen, bevor man sich ihrer bedient.

Dieser letzte Schritt ist für das menschliche Erkenntnisvermögen entscheidend: nun läßt sich die 'außen' bestehende Wirklichkeit auch innerhalb eines Organismus und gar mit Wissen um und Kontrolle über diesen Sachverhalt abbilden.

Informationen über seine Umwelt gelangen über die Sinnesorgane in einen Organismus. Dort werden sie durch das Zentralnervensystem in Verhalten und gegebenenfalls auch in Bewußtsein umgesetzt. Sinnesorgane und Zentralnervensystem sorgen gemeinsam dafür, daß die 'außen' bestehende Wirklichkeit innerhalb eines Organismus abgebildet wird; mit Konrad Lorenz sollen sie zusammenfassend als 'Weltbildapparat' bezeichnet werden. Der Weltbildapparat entwickelte sich zusammen mit dem Organismus, zu dem er gehört, in steter Passung an jene Umwelt, für deren Abbildung er sorgt. Er stellt sicher, daß innerhalb eines Organismus solche Abbildungen seiner Umwelt vorgenommen werden, welche zu einem die lebenserhaltenden Austauschprozesse aufrechterhaltenden Verhalten des Organismus führen können. Da offensichtlich jene Organismen, deren Weltbildapparate dies nicht leisteten, keine Überlebenschancen hatten, kann davon ausgegangen werden, daß alle noch bestehenden Weltbildapparate – einschließlich des menschlichen – für zutreffende Abbildungen der 'außen' bestehende Wirklichkeit sorgen...

Darum wird von ihnen die 'außen' bestehende Wirklichkeit auch nicht 'an sich', sondern nur in bestimmten Aspekten und gerade so gut abgebildet, wie es für das Überleben des jeweiligen Organismus notwendig ist. Weltbildapparate liefern folglich zwar zutreffende, doch stets selektive Abbildungen der 'außen' bestehenden Wirklichkeit...

Die gesamte stammesgeschichtliche Erfahrung, die zur Passung der Gattung und folglich zu den Überlebenschancen des einzelnen Organismus führte, liegt jeder individuellen Erfahrung also voraus. Das einzelne Lebewesen fängt bei der ihm gestellten Aufgabe, zum Zweck seines Überlebens die 'außen' bestehende Wirklichkeit richtig zu erkennen, somit nie bei 'null' an, sondern sein Weltbildapparat stellt ihm 'angeborene Lehrmeister' bereit, die ihm immer schon angeben, worauf zu achten und was wie zu deuten und zu behandeln ist. Dem Menschen liefert sein stammesgeschichtlich bewährter Weltbildapparat beispielsweise verläßliche Vorkenntnisse ('angeborene Hypothesen') über die Struktur von Raum und Zeit, über Wahrscheinliches, Vergleichbares, kausal Zusammenhängendes und zweckbezogen Instrumentalisierbares in der ihn umgebenden Wirklichkeit. Den menschlichen Gattungsbedürfnissen gemäß selektiv und perspektivisch, liegen diese 'angeborenen Hypothesen' jedem einzelnen unser Wahrnehmungs- und Erkenntnisakte als seine Voraussetzungen und Rahmenbedingungen zugrunde."[168]

Zu dieser evolutionistischen Erkenntnistheorie noch eine kurze Anmerkung am Rande: Diese Sichtweise widerspricht entschieden dem Radikalen Konstruktivismus mit seiner Grundthese, der Mensch könne grundsätzlich nichts darüber

---

[168] W. J. Patzelt: Sozialwissenschaftliche Forschungslogik. S. 60ff

wissen, wie die objektive Realität, die „wirkliche Wirklichkeit" beschaffen ist; vielmehr „konstruiere" er als autopoietisches System sich selbst und seine eigene Realität. Der „Radikale Konstruktivismus" vertritt demnach in letzter Konsequenz einen erkenntnistheoretischen Agnostizismus; er verzichtet auf jegliche Erkenntnistheorie, auch wenn er diesen Schluß nicht ausdrücklich mitvollzieht, ja vielleicht leugnet, und Brücken zu konstruieren sucht zwischen dem Solipsismus eines autopoietischen Insich-Beschlossenseins und der Welt da draußen.

Ein zweiter wichtiger Beitrag der evolutionistischen Perspektive zum Bild vom Menschen ergibt sich aus der Grundeinsicht, daß der Mensch, verstanden als „Homo sapiens", ein noch ganz junges Spätprodukt ist, jedenfalls gemessen an den vielen Millionen Jahren der Gesamtevlution: 70 000 oder auch 100 000 oder 300 000 Jahre (je nach den Kriterien, die man für den Menschen als „Homo sapiens" zugrunde legt) – ein winziger Augenblick in einer unvorstellbar langen Entwicklung. Und nach allem, was wir wissen oder mit guten Gründen annehmen dürfen, ist dieser Augenblick zu kurz für entscheidende Veränderungen in der genetischen Ausstattung des Menschen. Das bedeutet: Seit es den Menschen als Menschen gibt, ist die Art und Weise, wie er die Welt wahrnimmt und erlebt und wie er mit ihr umgeht, in den Grundzügen gleichgeblieben. In vielen Situationen reagieren wir heute noch so wie unsere Vorfahren vor tausenden von Jahren. So wenden wir zum Beispiel unsere unwillkürliche Aufmerksamkeit geradezu zwanghaft allem zu, was mögliche Gefahr und Bedrohung anzeigt. Auf Fremdes, Unklares oder Unverständliches reagieren wir entweder mit Flucht (verbunden mit Angst) oder mit Neugier, mit Wissenwollen, mit einem Streben nach Verstehen und Klarheit, oft in Form von Projektion und Bedeutungszuweisung.

Wenn wir somit guten Grund haben anzunehmen, daß unsere genetische Ausstattung sehr konstant ist, dann steht dieser Konstanz die Tatsache gegenüber, daß die Umwelt, in der der Mensch lebt, sich ständig verändert. Der Mensch selber hat zu diesem Wandel viel beigetragen, und er tut das heute und wohl auch morgen, und zwar offensichtlich mit einer beängstigenden Beschleunigung.

Damit drängt sich die Frage auf: Leben wir heute und leben erst recht unsere Nachkommen in einer weithin selbstgeschaffenen Welt, in die wir genetisch nicht mehr angemessen eingepaßt sind? Sind wir in unseren Erlebens- und Verhaltensformen in der Welt von heute und morgen antiquiert? Manches deutet darauf hin.

Auf der anderen Seite haben wir ja im ersten Teil dieses Kapitels dargelegt, daß der Mensch ein unglaublich flexibles und anpassungsfähiges Lebewesen ist, das nur so seine biologische Minderausstattung kompensieren kann. Er hat Eigenschaften, Fähigkeiten und Fertigkeiten entwickelt, wie wir sie bei keinem anderen Lebewesen finden; und mit Hilfe dieser Eigenheiten konnte er in einer ständig sich wandelnden Umwelt überleben. Der große Anthropologe und Philosoph Helmuth Plessner formuliert das so: Der Mensch zeichnet sich aus durch die „Fähigkeit, überall zu leben und sich an alle Milieus, sei es dann auch mit Hilfe künstlicher Mittel, anzupassen und in jeder Umgebung, im Prinzip wenigstens, zu Hause zu sein... Eine scharfe Grenze zwischen natürlicher und künstlicher Anpassung läßt sich daher für den Menschen nicht angeben. Gerade weil er, rein biologisch gesehen, nirgends zu Hause ist und 'von selbst' leben kann, sondern sich die passende Nahrung suchen, gegebenenfalls zubereiten muß, treffen wir bei ihm auch in den primitivsten Zuständen Ansätze (oder Reste) von Ergebnissen und Mitteln seiner planenden Tätigkeit an, die zu seinen physischen Existenzbedingungen gehören. Seine relative Instinktschwäche und physische Unspezialisiertheit, vital gesehen Nachteile, werden ihm zum Vorteil... Sein Feld ist die Welt, eine offene Ordnung verborgener Hintergründigkeit, mit deren latenten Möglichkeiten und Eigenschaften er rechnet, in deren unerschöpflichen Reichtum er sich stets von neuem versenkt, deren Überraschungen er in aller Planung ausgeliefert ist."[169]

*

Dieses hier äußerst verkürzte Bild vom Menschen liegt heute – soweit sich erkennen läßt – weithin auch der Kommunikationswissenschaft (wie den Sozialwissenschaften überhaupt) zugrunde. Das war nicht immer so. In der Anfangszeit betrachteten die Kommunikationsforscher aus der Perspektive des Behaviorismus mit seinem Reiz-Reaktions-Muster (S-R = stimulus-reaction) den Menschen als ein passiv-rezeptives Wesen, das nur durch Belohnung und Bestrafung lernt. In der Lehre von der Massenkommunikation bedeutete dies, daß der Mensch hilflos und wehrlos den Einflüssen der Medien ausgeliefert ist, daß also den Medien eine enorme Wirkkraft zuzuschreiben ist. Gestützt und bestätigt sah man dieses Konzept durch die damals in der Soziologie herrschende Theorie von der Massengesellschaft.

---

[169] H. Plessner: Conditio Humana, S. 43

Heute versteht man in der Kommunikationswissenschaft – dem eben entworfenen Bilde gemäß – den Menschen in seiner ganzen biologischen, psychischen und sozialen Konstitution als ein Wesen, das sich aktiv, selektiv, sinn- und gestaltgebend seine Welt aufbaut und in das Geschehen eingreift – auch in der Massenkommunikation. Auf diesem Boden entstanden in der Kommunikationswissenschaft etliche neuere Konzepte und Theorien, so insbesondere der Nutzenansatz, aber auch die systemtheoretischen Ansätze und die Vorstellungen von dynamisch-transaktionalen Wirkungsprozessen.

Das Bild vom Menschen wandelt sich ständig und wird sich auch in der Zukunft wandeln. So versucht zum Beispiel der radikale Konstruktivismus, dafür die Weichen zu stellen. Doch wohin der Weg wirklich führt – niemand vermag das zu sagen.

Schluß

Unsere Überlegungen, Hinweise und Anmerkungen zur Kommunikationswissenschaft zeigen eines wohl recht deutlich: Wissenschaft ist für jene, die sie betreiben, ein schwieriges und mühsames Geschäft. Erfolge werden oft überschattet von Widersprüchen, Ungewißheiten und Rückschlägen. So ist es erstaunlich, daß dieses Feld, das immer komplexer wird, nach wie vor für viele, auch und gerade junge Menschen attraktiv ist. Der Mensch ist eben wissensdurstig und offen für Neues, und zwar konstitutiv, denn ohne diese Eigenschaften wäre er als Gattung nicht überlebensfähig.

In diesem Buch war des öfteren von Problemen und offenen Fragen der Kommunikationswissenschaft die Rede, seltener dagegen von ihren Erfolgen. Doch sei am Ende noch einmal unterstrichen: Die Kommunikationswissenschaft ist heute eine anerkannte Wissenschaft, und sie hat beachtliche Leistungen vorzuweisen.

Literatur

Albert, H.: Probleme der Wissenschaftslehre in der Sozialforschung, in: R. König (Hg.): Handbuch der empirischen Sozialforschung, Band 1, S. 57-102

ARD / ZDF – Arbeitsgruppe Marketing (Hg.): Was Sie über Rundfunk wissen sollten, Berlin 1997

Bahrdt, H. P.: Wissenschaft und Staat, in: Die Neue Gesellschaft 1963

Bauer, R. A.: The obstinate audience, in: American Psychologist 19 (1964), S. 319-328

Bentele, G. und M. Rühl (Hg.): Theorien öffentlicher Kommunikation, München 1993

Bentele, G. und K. Beck: Information – Kommunikation _ Massenkommunikation, in: O. Jarren (Hg.): Medien und Journalismus 1, S. 18-50

Berelson, B. und G. Steiner: Human behavior, New York / Burlingame 1964

Berg, K. und M. L. Kiefer (Hg.): Massenkommunikation V, Baden-Baden 1996

Bermbach, U. (Hg.): Politische Wissenschaft und politische Praxis, Sonderheft 9 / 1978 der Politischen Vierteljahresschrift, Opladen 1978

Bohn, R.; E. Müller; R. Ruppert (Hg.): Ansichten einer künftigen Medienwissenschaft, Berlin 1988

Bormann, E. G.: Communication theory, New York 1981

Bryson, L. (Hg.): The communication of ideas, New York 1964

Bürger, H.: Sprache der Medien, Berlin / New York 1984

Burkart, R.: Kommunikationswissenschaft, Wien / Köln 1983

Burkart, R. und W. Hömberg (Hg.): Kommunikationstheorien, Wien 1992

Burkart, R. (Hg.): Wirkungen der Massenkommunikation, 2. Auflage, Wien 1989

Burkart, R.: Verständigungsorientierte Öffentlichkeitsarbeit, in: G. Bentele und M. Rühl (Hg.): Theorien öffentlicher Kommunikation, S. 218-227

DeFleur, M. L.: Theories of mass communication, New York 1966

Dilthey, W.: Ideen über eine beschreibende und zergliedernde Psychologie, Gesammelte Schriften, Band 5, 1894, S. 143

Erbring, L.: Kommentar zu Klaus Krippendorf, in: G. Bentele und M. Rühl (Hg.): Theorien öffentlicher Kommunikation, S. 59-64

Esser, H.: Soziologie, Frankfurt am Main/New York 1993

Eurich, C.: Kritik der empirischen Kommunikationsforschung, Rundfunk und Fernsehen 25 (1977), S. 341 - 354

Festinger, L.: A theory of cognitive dissonance, Evanston/New York 1957

Fischer, L.: Ansichten einer Wissenschaft mit Zukunft? in: R. Bohn u.a. (Hg.): Ansichten einer künftigen Medienwissenschaft, S. 257 - 284

Früh, W.: Medienwirkungen, Opladen 1991

Früh, W. und K. Schönbach: Der dynamisch-transaktionale Ansatz, Publizisitk 27 (1982), S. 74-88

Fünfgeld, H. und C. Mast (Hg.): Massenkommunikation. Opladen 1997

Gerbner, G.: Toward a general model of communication, in: Audio-Visual Communication Review (1956), S. 171-199

Goertz, L.: Wie interaktiv sind Medien? in: Rundfunk und Fernsehen 43/4 (1995), S. 477-493

Gottschlich, M. (Hg.): Massenkommunikationsforschung, Wien 1987

Graumann, C. F.: Interaktion und Kommunikation. In: C. F. Graumann (Hg.): Handbuch der Psychologie, 7. Band: Sozialpsychologie, 2. Halbband: Forschungsbereiche, Göttingen 1972, S. 1109-1262

Groeben, N. und P. Vorderer: Leserpsychologie: Lesemotivation – Lektürewirkung, Münster 1988

Guba, E.G. und Y. S. Lincoln: Epistemological and methodical bases of naturalistic inquiry, in: Educational Communication and Technology 30/4 (1982), S. 233-252

Gudykunst, W. B. und Y. Y. Kim (Hg.): Methods for intercultural communication research, London 1984

Habermas, J.: Theorie des kommunikativen Handelns, Frankfurt a. M. 1981

Hachmeister, L.: Theoretische Publizistik, Berlin 1987

Halloran, J. D.: The context of mass communication research, in: E. G. McAnany u.a. (Hg.): Communication and social structure, S. 25-39

Hans-Bredow-Institut (Hg.): Internationales Handbuch für Rundfunk und Fernsehen 1984/85, Hamburg 1984

Hans-Bredow-Institut (Hg.): Internationales Handbuch für Hörfunk und Fernsehen 1997/98, Baden-Baden/Hamburg 1997

Hartmann, H. und M. Hartmann: Vom Elend der Experten, in: Kölner Zeitschrift für Soziologie und Sozialpsychologie 34 (1982), S. 193-223

Hickethier, K. und J. Schneider (Hg.): Fernsehtheorien, Berlin 1992

218

Hickethier, K.: Das 'Medium', die 'Medien' und die Medienwissenschaft, in: R. Bohn u.a. (Hg.): Ansichten einer künftigen Medienwissenschaft, S. 51-74

Hirschmann, E. C.: Humanistic inquiry in marketing research, in: Journal of Marketing Research 23 (1986), S. 237-249

Hund, W. D. und B. Kirchhoff-Hund: Soziologie der Kommunikation, Reinbek 1980

Jäckel, M.: Interaktion - Soziologische Anmerkungen zu einem Begriff, Rundfunk und Fernsehen 43/4 (1995), S. 463-476

Jaeger, Karl: Von der Zeitungskunde zur publizistischen Wissenschaft, Jena 1926

Jarren, O. (Hg.): Medien und Journalismus 1, Opladen 1994

Kapferer, J.-N.: Gerüchte, Berlin 1995

Katz, E. und P. F. Lazarsfeld: Personal influence, Glencoe, Ill. 1955

Kim, Y. Y. und W. B. Gudykunst (Hg.): Theories in intercultural communication, London 1988

Kim, Y. Y.: Searching for creative imagination, in: W. B. Gudykunst und Y. Y. Kim (Hg.): Methods for intercultural communication research, S. 13-30

Kob, J.: Die gesamtgesellschaftliche Bedeutung von Massenmedien, Rundfunk und Fernsehen 26/4 (1978), S. 391-398

Koebner, T.: Medienwissenschaft als Lehrfach, in: R. Bohn u.a. (Hg.): Ansichten einer künftigen Medienwissenschaft, S. 215-221

König, R. (Hg.): Handbuch der empirischen Sozialforschung, Band 1, Stuttgart 1973

Koszyk, K. und K. H. Pruys (Hg.): Handbuch der Massenkommunikation, München 1981

Kromrey, H.: Empirische Sozialforschung, 2. Auflage, Opladen 1983

Krotz, F.: Elektronisch mediatisierte Kommunikation, in: Rundfunk und Fernsehen 43/4 (1995), S. 445-462

Kübler, H.-D.: Auf dem Weg zur wissenschaftlichen Identität und methodologischen Kompetenz, in: R. Bohn u.a. (Hg.): Ansichten einer künftigen Medienwissenschaft, S. 29-50

Kübler, H.-D.: Kommunikation und Massenkommunikation, Münster/Hamburg 1994

Kuhn, T. S.: Die Struktur wissenschaftlicher Revolutionen, Frankfurt am Main 1973

Kunczik, M.: Journalismus als Beruf, Köln/Wien 1988

Langenbucher, W. (Hg.): Publizistik- und Kommunikationswissenschaft, Wien 1988

Lasswell, H. D.: The structure and function of communication in society, in: L. Bryson (Hg.): The communication of ideas, S. 37-56

Littlejohn, S. W.: Theories of human communication, 4. Auflage, Belmont, Ca. 1992

Ludes, P. und G. Schütte: Für eine integrierte Medien- und Kommunikationswissenschaft, in: H. Schanze und P. Ludes (Hg.): Qualitative Perspektiven des Medienwandels, S. 27-63

Lüscher, K.: Medienwirkungen und Gesellschaftsentwicklung, in: Media Perspektiven 9/82, S. 545-555

McAnany, E. G. u.a. (Hg.): Communication and social structure, New York 1980

Mc Quail, D.: Mass communication theory, London 1983

Mc Quail, D. und S. Windahl: Communication models, London/New York 1981

Mahle, W. A: (Hg.): Fortschritte der Medienwirkungsforschung, Berlin 1985

Maletzke, G.: Psychologie der Massenkommunikation, Hamburg 1963

Maletzke, G.: Ziele und Wirkungen der Massenkommunikation, Hamburg 1976

Maletzke, G.: Kommunikationsforschung als empirische Sozialwissenschaft, Berlin 1980

Maletzke, G.: Massenkommunikationstheorien, Tübingen 1988

Maletzke, G.: Medienwirkungsforschung: Gedanken zu einer Forschungsstrategie in der Bundesrepublik Deutschland, in: Publizistik 27/1-2 (1982), S. 9-20

Maletzke, G.: Bausteine zur Kommunikationswissenschaft, Berlin 1984

Maletzke, G.: Interkulturelle Kommunikation, Opladen 1996

Mast, C.: Medien und Alltag im Wandel, Konstanz 1985

Mast, C. (Hg.):. ABC des Journalismus, Konstanz 1994

Maturana, H. R. und F. J. Varela: Der Baum der Erkenntnis, München 1987

Merten, K.: Kommunikation, Opladen 1977

Merten, K.: Vom Nutzen des „Uses and Gratification Approach", in: Rundfunk und Fernsehen 32 (1984), S. 66-72

Merten, K.; S. J. Schmidt; S. Weischenberg (Hg.): Die Wirklichkeit der Medien, Opladen 1994

Merten, K.: Die Entbehrlichkeit des Kommunikationsbegriffs, in: G. Bentele und M. Rühl (Hrsg.): Theorien öffentlicher Kommunikation, S. 188-201

Merton, R. K. u.a. (Hg.): Sociology today, New York 1959

Noelle-Neumann. E.; W. Schulz; F. Wilke (Hg.): Fischer Lexikon Publizistik/Massenkommunikation, Frankfurt am Main 1994

v. Oertzen, P.: Das Verhältnis von Wissenschaft und Politik, in: U. Bermbach (Hg.): Politische Wissenschaft und politische Praxis (Sonderheft 9/1978 der Politischen Vierteljahresschrift), Opladen 1978, S. 19-31

Opp, K. D.: Methodologie der Sozialwissenschaften, Hamburg 1970

Patton, M. G.: Qualitative evaluation methods, London 1980

Patzelt, W. J.: Sozialwissenschaftliche Forschungslogik, München/Wien 1986

Picht, G.: Was heißt Friedensforschung? Merkur 25 (1971), S. 105-122

Plessner, H.: Conditio Humana, Pfullingen 1964

Pool, I. de Sola: What ferment?, in: Journal of Communication 33/3 (1983), S. 258-269

Pürer, H.: Einführung in die Publizistikwissenschaft, 4. Auflage, München 1990

Reimann, H.: Kommunikationssysteme, Tübingen 1966

Renckstorf, K.: Massenmedien, Gesellschaft und Massenkommunikationsforschung, in: Hans-Bredow-Institut (Hg.): Internationales Handbuch für Rundfunk und Fernsehen 1984/85, Hamburg 1984, S. A1-A36

Riley, J. W. und W. M. Riley: Mass communication and the social system, in: R. K. Merton u.a. (Hg.): Sociology today, S. 537-578

Rogers, E. M. und L. Kincaid: Communication networks, New York 1981

Rogers, E. M.: Diffusion of innovations, Glencoe, Ill. 1969

Ronneberger, F.: Zur Lage der Publizistikwissenschaft, in: W. Langenbucher (Hg.): Publizistik- und Kommunikationswissenschaft, S. 82-89

Ronneberger, F.: Kommunikationspolitik, Teil 1, Mainz 1978

Rühl, M.: Journalismus und Gesellschaft, Mainz 1980

Rühl, M.: Kommunikation und Öffentlichkeit, in: G. Bentele und M. Rühl (Hg.): Theorien öffentlicher Kommunikation, S. 77-102

Saxer, U.: Grenzen der Publizistikwissenschaft, in: Publizistik 25/4 (1980), S. 525-543

Saxer, U. und H. Bonfadelli (Hg.): Einführung in die Publizistikwissenschaft, Zürich 1994

Saxer, U.: Systemtheorie und Kommunikationswissenschaft, in: R. Burkart und W. Hömberg (Hg.): Kommunikationstheorien, S. 91-114

Saxer, U.: Konstituenten einer Medienwissenschaft, in: H. Schanze und P. Ludes (Hg.): Qualitative Perspektiven des Medienwandels, S. 15-26

Schanze, H. und P. Ludes (Hg.): Qualitative Perspektiven des Medienwandels, Opladen 1997

Scharf, W. und O. Schlie: Zur Diskussion wissenschaftstheoretischer Probleme in Publizistik- und Kommunikationswissenschaft, in: Rundfunk und Fernsehen 21 (1973), S. 54-71

Schenk, M.: Medienwirkungsforschung. Tübingen 1987

Schenk, M.: Kommunikationstheorien, in: E. Noelle-Neumann u.a. (Hg.): Fischer Lexikon Publizistik/Massenkommunikation, S. 171-187

Schmidt, S. J.: Kommunikation – Kognition – Wirklichkeit, in: G. Bentele und M. Rühl (Hg.): Theorien öffentlicher Kommunikation, S. 105 -17

Schnell, R.; P. B. Hill; E. Esser: Methoden der empirischen Sozialforschung, 5. Auflage, München/Wien 1995

Schramm, W. (Hg.): The process and effects of mass communication, Urbana, Ill. 1954

Schramm, W.: How communication works, in: W. Schramm (Hg.): The process and effects of mass communication, Urbana, Ill. 1954, S. 3-26

Schreiber, E.: Repetitorium Kommunikationswissenschaft, 3. Auflage, München 1990

Schulz, W. Fortschritte der Medienwirkungsforschung, in: W. A. Mahle (Hg.): Fortschritte der Medienwirkungsforschung, S. 67-70

Schulz, W.: Kommunikationsprozeß, in: E. Noelle-Neumann u.a. (Hg.): Fischer Lexikon Publizistik/Massenkommunikation, S. 140-171

Schulz, W.: Inhaltsanalyse, in: E. Noelle-Neumann u.a. (Hg.): Fischer Lexikon Publizistik/Massenkommunikation, S. 41-63

Teichert, W.: „Fernsehen" als soziales Handeln, in: Rundfunk und Fernsehen 21 (1973), S. 356-382

Wagner, Hans: Erfolgreich Kommunikationswissenschaft (Zeitungswissenschaft) studieren, München 1997

Weischenberg, S.: Journalismus als soziales System, in: K. Merten; S. J. Schmidt; S. Weischenberg (Hg.): Die Wirklichkeit der Medien, S. 427-454

Weischenberg, S.: Die Medien und die Köpfe, in: G. Bentele und M. Rühl (Hg.): Theorien öffentlicher Kommunikation, S. 126-136

Weischenberg, S.: Journalistik, 2. Bd., Opladen 1992/93

Willke, H.: Systemtheorie, Stuttgart 1982

Zimbardo, P. G.: Psychologie, 4. Auflage, Berlin 1983

Medien
und Kommunikation

Arnulf Kutsch / Horst Pöttker (Hrsg.)

Kommunikationswissenschaft - autobiographisch

Zur Entwicklung einer Wissenschaft in Deutschland

1997. 263 S. (Publizistik-Sonderheft 1/1997) Br. DM 52,00
ISBN 3-531-12879-5

In autobiographischen Beiträgen unterziehen die Emeriti der Publizistik- und Kommunikationswissenschaft/Medienwissenschaft/Journalistik die Entwicklung des Faches seit den 60er Jahren einer kritischen Retrospektive und Bewertung und stellen Überlegungen über die künftigen Aussichten des Faches an.

Klaus Merten / Siegfried J. Schmidt / Siegfried Weischenberg (Hrsg.)

Die Wirklichkeit der Medien

Eine Einführung in die Kommunikationswissenschaft

1994. XIV, 690 S. Br. DM 76,00
ISBN 3-531-12327-0

„[...] Auf knapp 700 Seiten erwartet den Leser weit mehr, als der Haupttitel anspricht. [...] Weischenberg, Schmidt und Merten haben ein Lehr- und Orientierungsbuch vorgelegt, das fach- und sachspezifische Präzision mit interdisziplinärer Offenheit verbindet. [...]."

Das Parlament 1-2/95

Otfried Jarren (Hrsg.)

Medien und Journalismus 1

Eine Einführung

1994. 330 S. (Fachwissen für Journalisten) Br. DM 42,00
ISBN 3-531-12580-X

Medien und Journalismus 2

Eine Einführung

1995. 244 S. (Fachwissen für Journalisten) Br. DM 38,00
ISBN 3-531-12698-9

Das zweibändige Lehrbuch bietet eine allgemeine Einführung in Theorien, Ansätze, Methoden und Kernergebnisse der Publizistik- und Kommunikationswissenschaft sowie Orientierungshilfen und problembezogenes, praxisorientiertes Basiswissen.

Änderungen vorbehalten. Stand: Juli 1998

WESTDEUTSCHER VERLAG
Abraham-Lincoln-Str. 46 · 65189 Wiesbaden
Fax (06 11) 78 78 - 400

Medien
und Kommunikation

Otfried Jarren / Ulrich Sarcinelli /
Ulrich Saxer (Hrsg.)

Politische Kommunikation in der demokratischen Gesellschaft

Ein Handbuch mit Lexikonteil
1998. 764 S. mit 9 Abb. und 4 Tab.
Geb. DM 98,00 (Subskriptionspreis bis
31.10.98: DM 78,00)
ISBN 3-531-12678-4

Demokratie und politische Kommunikation sind aufs engste miteinander verbunden. Die Dynamik des Wandels auf der innergesellschaftlichen und internationalen Ebene erfordert zunehmend Kompetenzen in der Politikvermittlung. Inzwischen ist das Feld politische Kommunikation in wissenschaftlicher wie politischpraktischer Hinsicht nahezu unüberschaubar geworden. Der Band erschließt erstmalig für den deutschsprachigen Raum das in der interdisziplinären Forschung wie auch in der politischen Praxis sehr heterogene Feld der politischen Kommunikation. Er präsentiert disziplinäres Basiswissen, Problemanalysen zur politischen Kommunikation und enthält einen lexikalischen Teil zur zuverlässigen und schnellen Orientierung.

Gerhard Maletzke

Interkulturelle Kommunikation

Zur Interaktion zwischen Menschen
verschiedener Kulturen
1996. 226 S. Br. DM 42,00
ISBN 3-531-12817-5

Wenn Menschen verschiedener Kulturen einander begegnen, ergeben sich vielfache Kommunikationsschwierigkeiten. Als Ursachen dafür lassen sich Strukturmerkmale herausarbeiten, in denen sich Kulturen voneinander unterscheiden. Die Kenntnis dieser Merkmale erleichtert es, Angehörige fremder Kulturen zu verstehen, Kommunikationsprobleme abzubauen und in einer fremden Kultur mit den einheimischen Denk- und Verhaltensweisen besser zurechtzukommen.

Änderungen vorbehalten. Stand: Juli 1998

WESTDEUTSCHER VERLAG

Abraham-Lincoln-Str. 46 · 65189 Wiesbaden
Fax (06 11) 78 78 - 400